Arbeitnehmerüberlassung und sonstiges Fremdpersonal

AF906019

Einleitung

Seit 1972, mit Inkrafttreten des Arbeitnehmerüberlassungsgesetzes (AÜG), ist die Leiharbeit in Deutschland legalisiert. Die Leiharbeitsbranche hat sich im Laufe der seitdem vergangenen Jahre zu einem festen Bestandteil der Arbeitswelt entwickelt und einen steilen Aufstieg zu verzeichnen. Sie bietet Unternehmern etwas, was dringend benötigt wird, nämlich kalkulierbare Personalkosten und Flexibilität. Auch der Arbeitsmarkt hat profitiert. Zumindest die Behörden, die mit Arbeitsförderung und Arbeitsvermittlung betraut sind, können positive Bilanz ziehen. Die Vermittlungszahlen und damit die Arbeitslosenquoten erlebten durch die Möglichkeit der Beschäftigung in der Leiharbeitsbranche eine positive Entwicklung. Es ist sogar häufig ein „Klebeeffekt" feststellbar, wenn nämlich Leiharbeiter in ihren Einsatzbetrieben früher oder später einen zumindest befristeten Arbeitsplatz angeboten bekommen.

Vielen Unternehmern erschien das Modell Leiharbeit so verlockend, dass sie nach Abschaffung der im AÜG verankerten Höchstüberlassungsdauer seit 1.1.2004 dazu übergingen, eigene Verleihfirmen zu gründen, um von dort aus Personal zu akquirieren und entsprechend der Nachfrage in die unternehmenseigenen Betriebe zu entsenden. Auf diese Weise sind vielfach konzern- und unternehmenseigene Arbeitsmärkte entstanden, sogar in Krankenhäusern, Wohltätigkeitsvereinen und -verbänden sowie in kirchlichen Einrichtungen.

Als dann im Dezember 2011 durch die auf einer EU-Richtlinie basierenden Gesetzesänderung wieder eine Limitierung der Einsatzdauer von Leihpersonal in das AÜG Einzug gehalten hat und die Erlaubnispflicht für sämtliche auf die Personalentsendung ausgerichtete Betriebe, auch konzern- und unternehmenseigene, festgeschrieben worden ist, haben viele Unternehmen Abstand genommen vom Modell Arbeitnehmerüberlassung.

Immer mehr wird seitdem auf eine andere Beschäftigungsform außerhalb der Leiharbeit und außerhalb eines regulären Arbeitsverhältnisses ausgewichen, nämlich auf den Abschluss von Werk- und Dienstverträgen mit entsprechenden Spezialfirmen oder auch Soloselbstständigen bzw. die Beauftragung von Agenturen mit der Vermittlung von freien Mitarbeitern.

Betriebsräte haben diese Entwicklungen beobachtet, begleitet und durch kritische Intervention auch vielfach in ihren Betrieben unterbunden oder zumindest für Einschränkungen gesorgt. Die gesetzlichen Beteiligungsmöglichkeiten sind hier zwar überschaubar, teilweise aber ganz gut nutzbar.

In dieser Arbeitshilfe sind Antworten auf die Fragestellungen rund um das Thema Fremdpersonaleinsatz zu finden, belegt durch aktuelle Rechtsprechung und unter Berücksichtigung der am 1.4.2017 in Kraft getretenen Gesetzesänderungen. Hier spielen die neugeregelte Höchstüberlassungsdauer und die Umsetzung des equal-pay-Gedankens eine große Rolle. Berücksichtigt ist ebenso die letzte Gesetzesänderung im AÜG im Zuge der coronabedingten Erleichterungen in der Kurzarbeit.

Die Autorin

Dr. Martina Rissing
Rechtsanwältin, Vertretung und Beratung im individuellen und kollektiven Arbeitsrecht, regelmäßige Referententätigkeit auf Betriebsratsschulungen im Arbeits- und Betriebsverfassungsrecht
rechtsanwaeltin@maris-arbeitsrecht.de

Inhaltsübersicht

Der Inhalt der 2. Auflage entspricht dem Inhalt der Online-Edition 22/2021

www.betriebsrat-plus.beck.de
www.vahlen.de

ISBN 978 3 8006 6614 0

© 2021 Verlag Franz Vahlen GmbH
Wilhelmstraße 9, 80801 München
Druck und Bindung: Himmer GmbH
Steinerne Furt 95, 86167 Augsburg

Redaktion: Claudia Schöberl, M. A., Verlag Franz Vahlen GmbH, München

Satz: Druckerei C.H.Beck, Nördlingen

Umschlaggestaltung: Martina Busch, Grafikdesign, Homburg Saar

CO_2 neutral
vahlen.de/nachhaltig

Gedruckt auf säurefreiem, alterungsbeständigem Papier
(hergestellt aus chlorfrei gebleichtem Zellstoff)

I. Der erlaubnispflichtige Einsatz von Leihpersonal

Die Überlassung von Personal in fremde Einsatzbetriebe nach dem Modell der Arbeitnehmerüberlassung steht schon seit Inkrafttreten des AÜG unter dem Vorbehalt, dass der Verleiher im Besitz einer so genannten Arbeitnehmerüberlassungserlaubnis ist. § 1 AÜG regelt die Erlaubnispflicht und lässt die Leiharbeit in bestimmten Ausnahmesituationen ausdrücklich auch ohne Erlaubnis zu. In den §§ 9 Abs. 1 Nr. 1 und 10 AÜG ist geregelt, welche rechtlichen Folgen bei Fehlen einer erforderlichen Verleiherlaubnis eintreten.

1. Was ist Arbeitnehmerüberlassung oder Leiharbeit?

Von Arbeitnehmerüberlassung spricht man, wenn ein selbstständiger Unternehmer als Arbeitgeber (Verleiher) einen oder mehrere seiner Arbeitnehmer (Leiharbeitnehmer) einem anderen selbstständigen Unternehmer (Entleiher) zur Verrichtung von Arbeitsaufgaben nach Weisung des Entleihers zur Verfügung stellt. Das Besondere dabei ist, dass der Arbeitnehmer in keiner vertraglichen Beziehung zu dem Entleihbetrieb steht, in welchem er tatsächlich seine Arbeitsleistung erbringt. Beim Leiharbeitsverhältnis fallen also vertragliche Beziehungen und tatsächliche Leistungsverhältnisse auseinander.

Kennzeichnend für die Leiharbeit ist, dass der Leiharbeitnehmer tatsächlich in die betriebliche Organisation des Entleihers eingebunden ist (vgl. § 1 Abs. 1 S. 2 AÜG). Der Entleiher erteilt die Weisungen für die Arbeit, dh er bestimmt Ort, Zeit und Inhalt der Arbeit (vgl. § 106 GewO) und setzt den Arbeitnehmer nach seinen Vorstellungen und Zielen in seinem Betrieb wie einen eigenen Arbeitnehmer ein (BAG 28.11.1989 – 1 ABR 90/88; BAG 1.6.1994 – 7 AZR 7/93). Voraussetzung für dieses Dreieckskonstrukt ist, dass der Verleiher mit dem Leiharbeitnehmer einen Arbeitsvertrag geschlossen hat (vgl. § 1 Abs. 1 S. 3 AÜG iVm § 611a BGB), ansonsten kann das Weisungsrecht im Zuge der Überlassung nicht an den Entleiher übergehen.

Der vielfach benutzte Begriff der Leiharbeit kann synonym mit dem der Arbeitnehmerüberlassung verwendet werden, gemeint ist ein und dasselbe Konstrukt, obschon das Wort Leiharbeit juristisch betrachtet völlig verfehlt erscheint, ist doch mit einer Leihe stets ein unentgeltliches zur Verfügung stellen gemeint.

2. In welchen Fällen ist Leiharbeit erlaubnispflichtig?

Die soeben beschriebene Form der Personalüberlassung wird in § 1 Abs. 1 S. 1 AÜG definiert und dort als erlaubnispflichtig eingestuft, sofern die Arbeitnehmerüberlassung aus Sicht des Verleihers „im Rahmen seiner wirtschaftlichen Tätigkeit“ stattfindet. Eine wirtschaftliche Tätigkeit ist jede Tätigkeit, die darin besteht, Produkte oder Dienstleistungen auf einem bestimmten Markt anzubieten. Das zur Verfügung stellen von Arbeitskräften an andere Arbeitgeber ist zweifellos eine Dienstleistung. Sofern diese an einem bestimmten Markt angeboten wird, also am Marktgeschehen teilgenommen wird, ist sie erlaubnispflichtig. Ob die Leiharbeit aus sozialen, karitativen oder sonstigen altruistischen Motiven praktiziert wird, ist unerheblich.

Bevor die Gesetzesänderung im AÜG aus dem Dezember 2011 in Kraft getreten ist, war als erlaubnispflichtige Arbeitnehmerüberlassung nur diejenige erfasst, die gewerbsmäßig, also insbesondere mit Gewinnerzielungsabsicht verfolgt worden ist. Damit einhergehend waren also Arbeitgeber, die sich zum Beispiel gemeinnützigen Aufgaben, politischen oder kirchlichen Zwecken widmeten, vom Anwendungsbereich des AÜG und der Erlaubnispflicht nicht betroffen. Dies führte teilweise dazu, dass verschiedene Unternehmen gemeinnützige Tochtergesellschaften gründeten, mit dem Ziel, dort Personal zwecks Überlassung einzustellen, ohne in den Anwendungsbereich des AÜG zu fallen.

Von der Erlaubnispflicht ausgeschlossen sind Entsendungen von Personal, welche unter die in § 1 Abs. 3 Nr. 1–3 AÜG fallen. Das sind in der Praxis vornehmlich konzern- oder unternehmensinterne Entsendungen gem. § 1 Abs. 3 Nr. 2 AÜG und so genannte Personalgestellungen im öffentlichen Dienst gem. § 1 Abs. 3 Nr. 2b AÜG.

3. Was gilt für die Arbeitnehmerüberlassung, wenn sie zur Vermeidung von Kurzarbeit oder Entlassungen veranlasst wird?

Das AÜG und damit einhergehend die Erlaubnispflicht ist gem. § 1 Abs. 3 Nr. 1 AÜG nicht anzuwenden auf Arbeitnehmerüberlassungen zwischen Arbeitgebern desselben Wirtschaftszweiges zur Vermeidung von Kurzarbeit oder Entlassungen, wenn ein für den Entleiher und den Verleiher geltender Tarifvertrag dies vorsieht. Sinn und Zweck dieser Ausnahmeregelung ist, dass der Gesetzgeber solche Arbeitnehmerüberlassungen, die Arbeitsplätze sichern, nicht erschweren wollte.

Diese Möglichkeit muss in einem Tarifvertrag geregelt sein, der für den Verleiher und den Entleiher gilt. Damit wird gewährleistet, dass eine Arbeitnehmervertretung bei der Gestaltung einer solchen Möglichkeit mitwirkt.

Voraussetzung ist, dass die Überlassung des Arbeitnehmers zwischen Arbeitgebern desselben Wirtschaftszweiges erfolgt. Bewährt hat sich die Abgrenzung und Einteilung nach folgenden Wirtschaftszweigen, nach denen ursprünglich auch die Gewerkschaften und Arbeitgeberverbände organisiert waren:

- Land- und Forstwirtschaft, Fischerei
- Keramik, Glas
- Eisen- und Stahlerzeugung, Metallverarbeitung
- Elektrohandwerk
- Holz, Papier
- Leder, Schuhe
- Textil, Bekleidung
- Nahrungs-/Genussmittel, Gaststätten und Beherbergung
- Baugewerbe
- Straßenverkehr, Spedition, Schifffahrt, Luftfahrt
- Reinigung
- Wissenschaft, Sport, Kunst, Publizistik
- sonstige private Dienstleistungen, zB Bewachung
- IT- und EDV- sowie Telekommunikationsdienstleistungen

Diese Aufteilung ist nicht abschließend. Unter Umständen muss eine Einzelfallprüfung erfolgen. Die Arbeitnehmerüberlassung muss objektiv geeignet sein, Kurzarbeit oder Entlassungen zu vermeiden. Das ist der Fall, wenn Tatsachen vorliegen, aus denen geschlossen werden kann, dass die von solchen Maßnahmen bedrohten Arbeitnehmer zu einem späteren Zeitpunkt wieder in Vollzeit beschäftigt werden können. Mit anderen Worten: Die Arbeitnehmerüberlassung darf lediglich zur Überbrückung einer vorübergehenden Notsituation dienen.

4. Was gilt für die Entsendung von Arbeitnehmern innerhalb eines Konzerns?

Gem. § 1 Abs. 3 Nr. 2 AÜG findet das AÜG grundsätzlich keine Anwendung auf Arbeitnehmerüberlassungen zwischen Konzernunternehmen, so dass derartige interne Entsendungen insbesondere erlaubnisfrei erfolgen können, es sei denn, der Arbeitnehmer wird zum Zweck der Überlassung eingestellt und beschäftigt.

Was unter einem Konzern zu verstehen ist, ist in § 18 AktG geregelt. Danach liegt dann ein Konzern vor, wenn mindestens zwei rechtlich selbstständige Unternehmen unter einheitlicher Leitung zusammengefasst sind. Unter Leitung in diesem Sinne versteht man die Möglichkeit der Einflussnahme auf wesentliche Bereiche der Geschäftspolitik eines Unternehmens. Der Ausnahmetatbestand erfasst nicht nur inländische Konzerne, sondern ebenso internationale und multinationale Konzerne mit einer nach deutschem Recht unbekannten Rechtsform, sofern mindestens eines der beteiligten Konzernunternehmen seinen Sitz in Deutschland hat und eine im Inland oder in einem anderen EU-Staat anerkannte Rechtsform besitzt.

Der Ausnahmetatbestand des § 1 Abs. 3 Nr. 2 AÜG führt dazu, dass die konzerninternen Überlassungen unabhängig von ihrem Zweck weder erlaubnispflichtig sind, noch die in § 1 Abs. 1b AÜG beschriebene Höchstüberlassungsdauer oder das in § 8 AÜG erwähnte equal-pay-Prinzip eingehalten sein muss. Der Gesetzgeber klammert derartige Entsendungen somit weitestgehend aus dem AÜG aus, sieht sie also gar nicht als Verleih iSd AÜG und iSd EU-Richtlinie über Leiharbeit an. Ob diese Ansicht des deutschen Gesetzgebers richtlinienkonform ist, ist zweifelhaft. Denn auf diese Weise können Arbeitskäfte außerhalb des Reglements des AÜG für sehr lange Zeit von einem Arbeitgeber zum anderen – freilich konzernzugehörigen – Arbeitgeber „verschoben“ werden.

5. Wieso gibt es eine Ausnahme für konzerninterne Überlassung?

Der Zweck, weshalb eine zwischen verschiedenen Unternehmen oder Betrieben eines Konzerns im Wechsel durchgeführte Arbeitnehmerüberlassung von den Regelungen des AÜG ausgenommen ist, ist der, dass bei einem derartigen Vorgang nur der interne Arbeitsmarkt des Konzerns betroffen ist. Eine soziale Gefährdung der Leiharbeitnehmer ist nicht zu befürchten. Auch wollte man eine sinnvolle Einweisung oder Ausbildung von Arbeitnehmern innerhalb eines Konzerns nicht unnötig durch bürokratische Hürden erschweren.

Das gilt aber nur, wenn der Mitarbeiter nicht nur zu Entsendungszwecken eingestellt wird. Der entsandte Mitarbeiter muss also zumindest irgendwann einmal oder gelegentlich bei dem Arbeitgeber tätig werden, mit welchem der Arbeitsvertrag geschlossen wurde.

Diese, zuletzt gennannte Regelung wurde mit der Gesetzesnovelle im Dezember 2011 geschaffen, damit die konzerninterne Überlassung weiterhin aus dem Anwendungsbereich des AÜG herausfallen kann. Für die konzerninterne Arbeitnehmerüberlassung wird also (nur) dann eine Erlaubnis im Sinne des AÜG benötigt, wenn Arbeitnehmer speziell zum Zweck der Entsendung eingestellt werden und somit gar nicht beim Arbeitgeber selbst tätig werden.

Praxistipp

Für den Fall, dass ein Arbeitnehmer innerhalb eines Konzerns oder Unternehmens in einen neuen Arbeitsvertrag, gerichtet auf die interne Entsendung, überführt wird, muss zwingend sowohl die Erlaubnispflichtigkeit gem. § 1 Abs. 1 S. 1 AÜG beachtet werden als auch der Gleichbehandlungsgrundsatz iSd § 8 Abs. 1 AÜG (equal-pay-Grundsatz). Hier gibt es nicht die sonst mögliche Ausnahme über die Anwendung eines Tarifvertrags. Die Ausnahme vom Gleichstellungsgebot durch tarifvertragliche Regelungen ist nicht einschlägig bei Arbeitnehmern, die in den letzten sechs Monaten vor ihrer Überlassung in einem Arbeitsverhältnis zum Entleiher standen oder zu einem Arbeitgeber, der mit dem Entleiher in einem Konzern iSd § 18 AktG verbunden ist (sog. ***Drehtürklausel,*** *vgl. § 8 Abs. 3 AÜG). Des Weiteren gilt für diese Fallgestaltungen selbstverständlich auch die in § 1 Abs. 1b AÜG normierte Höchstüberlassungsdauer, so dass ein derartiger Leiharbeitnehmer auch konzernintern maximal für eine Dauer von 18 Monaten in einen bestimmten Entleihbetrieb entsendet werden kann.*

6. Was ist eine Personalgestellung und findet das AÜG Anwendung?

Der Gesetzgeber hat zum 1.4.2017 im Zuge der Reform des AÜG die so genannte Personalgestellung aus dem Anwendungsbereich des AÜG herausgenommen (§ 1 Abs. 3 Nr. 2b, 2c AÜG). Das führt dazu, dass die Vorgaben des AÜG in weiten Teilen, insbesondere auch die Erlaubnispflicht, nicht mehr anwendbar sind auf derartige Überlassungen. Im Hinblick auf die seit Nov. 2008 geltende EU-Richtlinie über Leiharbeit, die ausschließlich vorübergehende Überlassungen toleriert und legalisiert, scheint diese neugeschaffene Ausnahmeregelung, welche ja eine endgültige oder zumindest dauerhafte Entsendung von Arbeitnehmern von ihrem Arbeitgeber zu einem anderen Arbeitgeber betrifft, rechtlich bedenklich.

Mit Personalgestellungen sind hier Entsendevorgänge gemeint, die in Tarifverträgen des öffentlichen Dienstes vorgesehen sind, wie zum Beispiel bei der Verlagerung von Aufgaben eines Beschäftigten auf einen Dritten (§ 4 Abs. 3 TvöD). Hierbei bleibt das Arbeitsverhältnis unverändert, nur die geschuldete Leistung des Arbeitnehmers wird zukünftig bei dem Dritten nach dessen Weisungen erbracht. Die Neuregelung trägt nach der Gesetzesbegründung dem Umstand Rechnung, dass die Personalgestellung als eine besondere Form der Aufgabenverlagerung anzusehen ist, nicht als Überlassung, und die von dieser betroffenen Arbeitnehmer ein Interesse am Bestandsschutz haben, also an der Weiterführung ihres ursprünglichen Arbeitsvertrags.

Die Herausnahme von Personalgestellungen aus dem Anwendungsbereich des AÜG betrifft ebenso die „Verschiebung" von Beschäftigten zwischen juristischen Personen des öffentlichen Rechts, sofern die beteiligten Körperschaften Tarifverträge des öffentlichen Dienstes anwenden oder Regelungen der öffentlich-rechtlichen Religionsgesellschaften. Gemeint und erfasst sind also Überlassungen innerhalb des öffentlich-rechtlichen Bereichs zur Erfüllung öffentlicher Aufgaben. Die Ausnahmeregelung ähnelt in ihrer Funktion dem Konzernprivileg (→ *Frage 4: Was gilt für die Entsendung von Arbeitnehmern innerhalb eines Konzerns?*, → *Frage 5: Wieso gibt es eine Ausnahme für konzerninterne Überlassung?*). Wichtig ist, dass es sich für die Anwendbarkeit der Ausnahmeregelung in § 1 Abs. 3 Nr. 2c AÜG ausdrücklich nicht um ein einheitliches Tarifwerk handeln muss, welches auf beiden Seiten der Personalgestellung zur Anwendung kommt. Es kann folglich zum Beispiel ein kirchlich organisierter Pflegedienst (Caritas/Diakonie) sein Personal erlaubnisfrei und dauerhaft in ein Krankenhaus entsenden, in welchem normalerweise der TvöD gilt.

Der Begriff der Personalgestellung wird ebenso regelmäßig verwendet für den in Deutschland weit verbreiteten Einsatz von DRK-Schwestern (Deutsches Rotes Kreuz) in von Dritten betriebenen Krankenhäusern. Es wurde hierzu zunächst vom EuGH (17.11.2016 – C-216/15) und danach vom BAG (21.2.2017 – 1 ABR 62/12) entschieden, dass es sich um Leiharbeit im Sinne des AÜG handelt. Um die seit 1.4.2017 existierende Höchstüberlassungsdauer von 18 Monaten umgehen zu können, ist das DRK-Gesetz in seinem § 2 Abs. 4 am 27.7.2017 dahingehend geändert worden, dass die Höchstüberlassungsdauer des AÜG für Personalgestellungen des DRK nicht gilt.

7. Was geschieht, wenn ein Verleiher ohne Erlaubnis Leihpersonal überlässt?

Das Fehlen einer Überlassungserlaubnis gem. § 1 AÜG hat zwei Sanktionen zur Folge, die sich aus den §§ 9 Abs. 1 Nr. 1 und 10 Abs. 1 AÜG ergeben:

- Zum einen ist gesetzlich festgelegt die Unwirksamkeit des Leiharbeitsvertrags zwischen Verleiher und Leiharbeitnehmer und zum anderen ebenso die Unwirksamkeit des Arbeitnehmerüberlassungsvertrags zwischen Verleiher und Entleiher (vgl. § 9 Abs. 1 Nr. 1 AÜG).
- Zum anderen ist zum Schutz des folglich vertragslosen Leiharbeitnehmers ein Arbeitsverhältnis mit dem Entleiher zu konstruieren (vgl. § 10 Abs. 1 S. 1 AÜG).

Diese Rechtsfolge war für derartige Fälle schon in der ursprünglichen Fassung des AÜG von 1972 enthalten und wurde immer wieder von Juristen kritisiert im Hinblick auf Art. 12 GG, der eine freie Berufswahl und damit Arbeitgeberwahl gewährleistet. Dieser Kritik hat der Gesetzgeber Rechnung getragen, indem er zum 1.4.2017 eine Möglichkeit in § 9 Abs. 1 Nr. 1 iVm § 9 Abs. 2 AÜG geschaffen hat, mit welcher der Leiharbeitnehmer diese Fiktion blockieren kann. Der Leiharbeitnehmer kann nun mittels einer so genannten Festhaltenserklärung am Vertrag mit dem Verleiher festhalten und damit das Zustandekommen eines Arbeitsverhältnisses mit dem Entleiher verhindern.

Des Weiteren enthält § 16 Abs. 1 Nr. 1, 1a AÜG für den Fall der erlaubnislosen Arbeitnehmerüberlassung einen Ordnungswidrigkeitentatbestand, der sich gegen den Verleiher und den Entleiher richtet. Wer diesen verwirklicht, kann zu einer Geldbuße iHv maximal 30.000 EUR herangezogen werden.

II. Vertragsbeziehungen in der Leiharbeit

Der Einsatz von Fremdpersonal ist durch eine Dreiecksbeziehung gekennzeichnet, die im Falle der Leiharbeit den besonderen Restriktionen des AÜG unterliegt. Diese sollen einerseits dem Schutz des Leihpersonals dienen, andererseits aber auch dem Schutz des Stammpersonals im Einsatzbetrieb. Zum Zeitpunkt des Inkrafttretens des AÜG im Jahr 1972 galten neben einer festgelegten Höchstüberlassungsdauer insbesondere starke Einschränkungen im Befristungsrecht. Ein neu eingestellter Leiharbeitnehmer durfte zum Beispiel nicht zeitgleich zum geplanten Kundeneinsatz befristet beschäftigt werden (Synchronisationsverbot). Viele dieser Schutzbestimmungen sind heute nicht mehr oder nur noch aufgeweicht im AÜG enthalten.

Das Reglement des AÜG hat verschiedene Reformen und Gesetzesänderungen durchlaufen und ist geprägt von verleihbranchenspezifischen Vorgaben, die nicht immer direkt nachvollziehbar sind. Die letzte große Reform des AÜG trat am 1.4.2017 in Kraft, die jüngste Gesetzesänderung im Frühjahr 2020.

8. Welche vertraglichen Beziehungen bestehen in der Leiharbeit?

Die tatsächlichen Leistungsbeziehungen gestalten sich – vereinfacht dargestellt – wie folgt:

- Der Verleiher bezieht Geld (sog. Verrechnungssatz) vom Entleiher. Der Entleiher erhält den oder die bestellten Arbeitnehmer.
- Der Arbeitnehmer erbringt die Arbeitsleistung beim Entleiher.
- Der Verleiher zahlt die Vergütung, das Arbeitsentgelt, an den Arbeitnehmer.

9. Welche Besonderheiten gelten für den Vertrag zwischen Verleiher und Entleiher?

Der zwischen Verleiher und Entleiher geschlossene Vertrag heißt Arbeitnehmerüberlassungsvertrag. Daraus geht hervor, dass der Verleiher dem Entleiher gegen eine Vergütung einen oder mehrere Arbeitnehmer zur Verrichtung zu Diensten nach Weisung des Entleihers überlässt.

Gem. § 12 AÜG bedarf dieser Vertrag der Schriftform. Da es sich hierbei um eine gesetzlich vorgeschriebene Form handelt, ist der Arbeitnehmerüberlassungsvertrag, der der Schriftform nicht genügt, nichtig.

In der Vertragsurkunde haben die Vertragsparteien gem. § 1 Abs. 1 S. 5 AÜG die Überlassung von Arbeitskräften ausdrücklich als Arbeitnehmerüberlassung zu bezeichnen und der Verleiher hat gem. § 12 Abs. 1 S. 2 AÜG zu erklären, ob er die Erlaubnis nach § 1 AÜG besitzt. Des Weiteren hat der Entleiher in der Urkunde zu erklären, welche besonderen Merkmale die für den Leiharbeitnehmer vorgesehene Tätigkeit hat und welche berufliche Qualifikation dafür erforderlich ist. Außerdem muss er grundsätzlich dem Verleiher gegenüber in der Urkunde mitteilen, welche wesentlichen Arbeitsbedingungen einschließlich Entgelt für vergleichbare Arbeitnehmer in seinem Betrieb gewährt werden. Schließlich ist der zu überlassende Arbeitnehmer gem. § 1 Abs. 1 S. 6 AÜG namentlich zu nennen.

Praxistipp

Der Entleiher muss die wensentlichen Arbeitsbedingungen einschließlich der Bezahlung nennen, weil der Verleiher dem Arbeitnehmer diese Arbeitsbedingungen grundsätzlich genauso gewähren muss (equal-pay-Grundsatz, § 8 AÜG). Etwas anderes kann sich nur dann ergeben, wenn ein auf das Leiharbeitsverhältnis anwendbarer Tarifvertrag etwas anderes regelt (→ Frage 16: Gibt es eine Ausnahme vom „equal-pay-Grundsatz"?).

10. Welche Pflichten ergeben sich aus dem Arbeitnehmerüberlassungsvertrag?

Aus dem Arbeitnehmerüberlassungsvertrag folgen verschiedene Haupt- und Nebenpflichten:

- **Hauptpflicht des Verleihers** ist die Zurverfügungstellung der vereinbarten Anzahl arbeitsbereiter Leiharbeitnehmer mit den vereinbarten Qualifikationen zum vereinbarten Zeitpunkt am vereinbarten Ort. Dabei haftet der Verleiher (nur) für die ordnungsgemäße und richtige Auswahl des Leiharbeitnehmers. Der Verleiher hat einen gemäß den im Vertrag festgelegten Anforderungen für die vorgesehene Arbeit geeigneten Arbeitnehmer zu stellen, nicht mehr und nicht weniger. Daneben obliegen dem Verleiher sogenannte Nebenpflichten. Eine davon ist ausdrücklich in § 12 AÜG genannt: Der Verleiher muss den Entleiher über den Wegfall der Erlaubnis unterrichten. Außerdem muss der Verleiher dem Entleiher nach Abschluss des Überlassungsvertrags und vor der tatsächlichen Überlassung die Person des Leiharbeitnehmers unter Bezugnahme auf den Vertrag konkretisieren (vgl. § 1 Abs. 1 S. 6 AÜG).
- **Hauptpflicht des Entleihers** ist die Zahlung der vereinbarten Überlassungsvergütung. Für Nicht-

zahlung oder verspätete Zahlung gelten die allgemeinen zivilrechtlichen Regelungen. Auch den Entleiher treffen vertragliche Nebenpflichten. Dazu gehört insbesondere, dass der Entleiher die Vorschriften über den Arbeitsschutz und die Arbeitssicherheit zugunsten des Leiharbeitnehmers beachtet, denn der Verleiher hat ein schützenswertes Interesse daran, dass sein Leiharbeitnehmer nicht zu Schaden kommt. Ferner hat der Entleiher auch im Verhältnis zum Verleiher die sonstigen Fürsorgepflichten zu erfüllen, die aus der Entgegennahme der Arbeitsleistung erwachsen. Schließlich muss der Entleiher dem Verleiher Arbeitspflichtverletzungen und Leistungsmängel des Leiharbeitnehmers mitteilen, weil der Verleiher, der auch während der Dauer der Überlassung Arbeitgeber des Leiharbeitnehmers bleibt, sonst keine andere Möglichkeit der Überwachung des Leiharbeitnehmers hat.

11. Was ist im Verhältnis zwischen Leiharbeitnehmer und Verleiher zu beachten?

Zwischen dem Verleiher und dem Leiharbeitnehmer kommt ein **Arbeitsvertrag** zustande. Dieser unterliegt keinen besonderen Formvorschriften. Eine etwaige Befristung unterliegt den Voraussetzungen des § 14 TzBfG und muss auf jeden Fall schriftlich vereinbart werden (vgl. § 14 Abs. 4 TzBfG). Nach § 11 AÜG ist der Verleiher verpflichtet, dem Leiharbeitnehmer gemäß dem Nachweisgesetz den wesentlichen Inhalt des Arbeitsverhältnisses schriftlich mitzuteilen. Zusätzlich muss er nach § 11 Abs. 1 Nr. 1, 2 AÜG in dem schriftlichen Nachweis zusätzlich angeben:

- Firma und Anschrift des Verleihers, die Erlaubnisbehörde, Ort und Datum der Erteilung der Erlaubnis nach § 1 AÜG sowie der ausdrückliche Hinweis, dass der Arbeitnehmer als Leiharbeitnehmer tätig wird,
- Art und Höhe der Leistungen für Zeiten, in denen der Leiharbeitnehmer nicht verliehen ist.
- Weitere Angaben können notwendig sein, wenn zum Beispiel länger als ein Monat die Arbeitsleistung außerhalb der Bundesrepublik Deutschland zu erbringen ist.

Praxistipp

Der Verleiher als Arbeitgeber ist ferner gem. § 11 Abs. 2 AÜG verpflichtet, dem Leiharbeitnehmer bei Vertragsschluss ein ***Merkblatt der Erlaubnisbehörde*** *über den wesentlichen Inhalt des AÜG auszuhändigen sowie, im Falle des Wegfalls seiner Verleiherlaubnis, diesen Umstand und den Zeitpunkt gem. § 11 Abs. 3 AÜG dem Leiharbeitnehmer mitzuteilen.*

12. In welchen Fällen wird ein Arbeitsverhältnis zum Entleiher fingiert?

a) Einzigartig ist bei der Leiharbeit folgendes: Ein Vertrag zwischen Verleiher und Leiharbeitnehmer ist unwirksam, wenn der Verleiher nicht die nach § 1 AÜG erforderliche Erlaubnis hat (§ 9 Abs. 1 Nr. 1 AÜG). Die schädlichen Folgen dieser Unwirksamkeit sind für den Arbeitnehmer abgemildert durch § 10 AÜG. Nach dessen Absatz 1 gilt in einem solchen Fall ein Arbeitsverhältnis zwischen Entleiher und Leiharbeitnehmer als zustande gekommen. Für dieses **fingierte Arbeitsverhältnis** gelten folgende besondere Regelungen:

- Das Arbeitsverhältnis gilt als befristet, wenn die Tätigkeit des Leiharbeitnehmers bei dem Entleiher nur befristet vorgesehen war und ein die Befristung des Arbeitsverhältnisses sachlich rechtfertigender Grund vorliegt. Im anderen Fall gilt es als unbefristet.
  Ferner gilt für dieses Arbeitsverhältnis die zwischen dem Verleiher und Entleiher vorgesehene Arbeitszeit als vereinbart.
- Ansonsten bestimmen sich Inhalt und Dauer des Arbeitsverhältnisses nach den für den Betrieb des Entleihers geltenden Vorschriften und sonstigen Regelungen. Sind solche nicht vorhanden, dann nach den Bestimmungen gleichartiger Betriebe. In einem derartigen gesetzlichen Arbeitsverhältnis hat der Leiharbeitnehmer gegen den Entleiher einen Anspruch auf das Arbeitsentgelt in der Höhe, wie er es mit dem Verleiher vereinbart hatte.

b) Im Zuge der Gesetzesänderungen zum 1.4.2017 nahm § 9 Abs. 1 AÜG zwei weitere Fälle auf, die zu einem fingierten Arbeitsverhältnis des Leiharbeitnehmers zum Entleiher führen sollen. Diese Rechtsfolge tritt ein, sofern der Überlassungsvertrag des Leiharbeitnehmers die vorgesehene Arbeitnehmerüberlassung nicht offenkundig macht (§ 9 Abs. 1 Nr. 1a AÜG, Verstoß gegen das Transparenzgebot) und sofern die zum 1.4.2017 neu eingeführte Höchstüberlassungsdauer (in der Regel 18 Monate) im Einsatzbetrieb des Leiharbeitnehmers überschritten wird (§ 9 Abs. 1 Nr. 1b AÜG).

Bei sämtlichen in § 9 Abs. 1 AÜG aufgezählten Unwirksamkeitsfällen mit der Fiktionswirkung des § 10 AÜG ist es jedoch seit 1.4.2017 für den Leiharbeitnehmer möglich, eine so genannte Festhaltenserklärung abzugeben und damit im Arbeitnehmerkreis des Verleihers zu verbleiben. Eine solche Festhaltenserklärung ist an bestimmte Auflagen gebunden (vgl. § 9 Abs. 2 AÜG). Insbesondere ist diese binnen einer Frist von einem Monat schriftlich vom Leiharbeitnehmer zu erklären. Außerdem hat der Leiharbeitnehmer die Agentur für Arbeit aufzusuchen, die Festhaltenserklärung dort vorzulegen und seine Identität bestätigen zu lassen und schlußendlich dafür zu sorgen, dass die Erklärung dem Ver- oder Entleiher spätestens nach 3 Tagen zugestellt wird.

13. Wie erfolgt die Vertragsbeendigung?

Hinsichtlich der Beendigung des Arbeitsverhältnisses zwischen Verleiher und Leiharbeitnehmer gilt grundsätzlich das allgemeine Arbeitsrecht: Folglich endet ein Leiharbeitsverhältnis entweder durch wirksame **Befristung,** einvernehmliche **Vertragsauflösung** oder einseitig durch **Kündigung.** Bei Vorliegen der Mindestbetriebsgröße iSv § 23 KSchG und nach Bestand des Arbeitsverhältnisses von länger als sechs Monaten greift der allgemeine Kündigungsschutz nach § 1 KSchG zugunsten des Leiharbeitnehmers ein.

14. Kann der Leiharbeitnehmer dieselben Arbeitsbedingungen wie die Stammmitarbeiter verlangen?

Hinsichtlich der Arbeitsbedingungen eines Leiharbeitnehmers gilt der Grundsatz der Nichtdiskriminierung. Den Arbeitgebern der Verleihbranche ist gesetzlich vorgegeben, ihren Leiharbeitnehmern die gleichen Arbeitsbedingungen einzuräumen, die vergleichbare Stammarbeitnehmer im Einsatzbetrieb haben (equal-pay-Grundsatz; vgl. § 8 Abs. 1 AÜG). Anderslautende, den Leiharbeitnehmer schlechter stellende Vereinbarungen von Arbeitsbedingungen im Arbeitsvertrag sind gem. § 9 Abs. 1 Nr. 2 AÜG unwirksam. Zu den Arbeitsbedingungen gehören neben der Vergütung, die aus Anlass des Arbeitsverhältnisses gezahlt wird und auf der Lohnabrechnung erscheint, auch der Urlaubsanspruch, das Urlaubsentgelt, etwaige Zulagen und Zuschläge sowie vermögenswirksame Leistungen, welche im Einsatzbetrieb beispielsweise auf Grund einer Tarifbindung oder einer Betriebsvereinbarung gezahlt werden.

Das Gesetz eröffnet in § 8 Abs. 2 und 4 AÜG die Option für den Verleiher, vom equal-pay-Grundsatz abzuweichen durch das Anwenden eines Tarifvertrags/Branchenzuschlagstarifvertrags. Dies kann durch Mitgliedschaft des Verleihers im entsprechenden Arbeitgeberverband und Mitgliedschaft des Leiharbeitnehmers in der entsprechenden Gewerkschaft erfolgen oder aber durch vertragliche Vereinbarung und ist zumindest für die ersten neun Monate einer Überlassung unproblematisch möglich.

Darüber hinaus ist die Abweichung vom equal-pay-Grundsatz nur dann möglich, wenn

1. nach spätestens 15 Monaten einer Überlassung an einen Entleiher mindestens ein Arbeitsentgelt erreicht wird, das als gleichwertig mit dem tarifvertraglichen Entgelt vergleichbarer Arbeitnehmer in der Einsatzbranche festgelegt ist und
2. nach einer Einarbeitungszeit von längstens sechs Wochen eine stufenweise Heranführung an dieses Arbeitsentgelt erfolgt. Bei der Berechnung der Überlassungszeiträume sind solche vollständig anzurechnen, die nicht mehr als drei Monate zurückliegen. Zeiträume von Überlassungen vor dem 1.4.2017 bleiben unberücksichtigt.

Hinsichtlich der Nutzbarkeit von Gemeinschaftseinrichtungen im Einsatzbetrieb gilt § 13b AÜG: Der Leiharbeitnehmer hat diesbezüglich einen Anspruch auf Zugang hierzu unter den gleichen Bedingungen wie das Stammpersonal des Entleihers. Dazu gehören zum Beispiel die Inanspruchnahme der Kantine, etwaig vorhandener Kinderbetreuungseinrichtungen, Sportstätten, Sozialräume und dergleichen im Einsatzbetrieb.

15. Hat der Leiharbeitnehmer Anspruch auf Bezahlung, wenn der Verleiher keinen Einsatz für ihn hat?

Ja. Grundsätzlich sind bei der Vergütung des Leiharbeiters die Zeiten zu unterscheiden, in denen der Arbeitnehmer einem bestimmten Entleiher überlassen ist und in denen mangels Auftrag eine Überlassung nicht stattfindet.

- Ist der Arbeitnehmer keinem Entleiher überlassen, befindet sich der Verleiher im Annahmeverzug gem. § 615 BGB. Es gelten schlichtweg die für den Verleiherbetrieb geltenden Bedingungen, das heißt bei Nichtanwendbarkeit eines Tarifvertrags das vertraglich ausgehandelte Gehalt bzw. zumindest eine Vergütung nach dem MiLoG (→ *Mindestlohn / Frage 59: Haben Leiharbeitnehmer einen Anspruch auf Zahlung des Mindestlohns?*).

  Für den Fall, dass ein Einsatzbetrieb den Überlassungsvertrag wegen fehlendem Bedarf beendet, realisiert sich das Betriebs- und Beschäftigungsrisiko des Verleihers. Das AÜG betont in § 11 Abs. 4 S. 2 ausdrücklich die Verpflichtung des Verleihers, Annahmeverzugslohn zu bezahlen. Diese kann vertraglich auf keinen Fall ausgeschlossen oder eingeschränkt werden. Naheliegend ist der Gedanke an eine ordentliche betriebsbedingte Kündigung des Vertrags durch den Verleihbetrieb, wenn der Leiharbeitnehmer nicht anderweitig verliehen werden kann und damit einhergehend die Beschäftigungsmöglichkeit dauerhaft entfällt.

  Eine alternative Möglichkeit zur Vermeidung betriebsbedingter Kündigungen ist grundsätzlich die Anmeldung von Kurzarbeit, wenn Arbeitsausfälle zu verzeichnen sind, die zeitlich absehbar sind (also nicht dauerhaft). Das Modell Kurzarbeit ist allerdings für die Verleihbranche nicht zugelassen. Es gab diesbezüglich im Zuge des Konjunkturpakets im Jahr 2009 eine Lockerung und damit normalen Betrieben entsprechende Möglichkeiten für Verleiher. Diese wurden aber nur befristet geschaffen, zunächst bis Ende 2010, mit Verlängerung bis 31.12.2011 (vgl. § 11 Abs. 4 S. 3 AÜG).

  Diesem Gedanken hat die Bunderegierung im März 2020 neues Leben eingehaucht:

  Als im März 2020 durch die Corona-Pandemie etliche Betriebe zum Erliegen gebracht wurden, schlug dies naturgemäß sofort auch zur Verleihbranche durch. Nach den erforderlich gewordenen (Teil-)Betriebsschließungen und der vorübergehenden Anmeldung von Kurzarbeit für die Beschäftigten wurden im gleichen Atemzug etwaige Überlassungsverträge aufgekündigt. Damit entstand für Verleihbetriebe ein Bedürfnis nach Kurzarbeit, zur Vermeidung betriebsbedingter Kündigungen. Die Bundesregierung hat aus dieser Notlage heraus den neuen § 11a AÜG geboren, der das in § 11 Abs. 4 S. 2 AÜG geregelte Recht des Leiharbeitnehmers auf Vergütung bei Vereinbarung von Kurzarbeit für den Arbeitsausfall und für die Dauer aufhebt, für die dem Leiharbeitnehmer Kurzarbeitergeld nach dem Dritten Buch Sozialgesetzbuch gezahlt wird. Eine solche Vereinbarung kann das Recht des Leiharbeitnehmers oder der Leiharbeitnehmerin auf Vergütung allerdings längstens bis zum 31.12.2021 ausschließen. Die Regelung ist also nur befristet gültig.

  Folglich ist von März 2020 bis Dezember 2021 auch für Arbeitnehmer der Verleihbranche Kurzarbeit unter Bezug von Kurzarbeitergeld möglich.

  Die Mitarbeiter bekommen gegebenenfalls 67% (bzw. 60% ohne Kind) ihrer Vergütung als KuG für die ausgefallene Arbeitszeit. Angesichts der besonderen Situation von Leiharbeitnehmern mit wechselnden Einsätzen und Wechseln zwischen Einsatzseiten und verleihfreien Zeiten, ist bei der Berechnung des Kurzarbeitergeldes als Soll-Entgelt der durchschnittliche Verdienst der letzten 3 vor dem Arbeitsausfall abgerechneten Monate zu Grunde zu legen. Das ist den Informationen für Unternehmen zum Kurzarbeitergeld der Bundesagentur für Arbeit (Arbeitsausfälle durch das Corona-Virus) zu entnehmen.
- Ist der Arbeitnehmer einem Entleiher überlassen und befindet er sich im Urlaub oder ist arbeitsunfähig krank geschrieben, gelten für ihn ab dem ersten Tag der Überlassung die im Betrieb des Entleihers für vergleichbare Arbeitnehmer geltenden Bedingungen (equal-pay-Grundsatz) gem. § 8 AÜG mit den dort aufgeführten Ausnahmen.

16. Gibt es eine Ausnahme vom „equal-pay-Grundsatz"?

Das Gesetz (§ 8 AÜG) lässt von dieser grundsätzlich gewünschten Gleichbehandlung von Leiharbeitnehmern und Stammarbeitnehmern im Entleihbetrieb eine Ausnahme zu: Durch eine von den Arbeitsvertragsparteien gewählte **Tarifbindung** können für einen Zeitraum von neun Monaten andere, ungünstigere Arbeitsbedingungen für anwendbar erklärt werden. Es existieren zu diesem Zweck Tarifverträge in der Zeitarbeit, die jedoch keine Allgemeinverbindlichkeit besitzen, so dass die Tarifbindung entweder durch Mitgliedschaft bei den Tarifvertragsparteien oder vertragliche Vereinbarung geschaffen werden müsste. Derartige Tarifverträge dürfen die unterste Stundenlohngrenze, die in einer Rechtsverordnung gem. § 3a AÜG festgelegt ist, bzw. den jeweils geltenden Mindestlohn nach dem MiLoG, nicht unterschreiten (→ *Mindestlohn / Frage 1: Was bedeutet eigentlich „Mindestlohn"?*).

Das BAG ist der Ansicht, dass diese Abweichung vom Gleichstellungsgrundsatz nur durch eine vollständige Bezugnahme auf das zwischen den jeweiligen Tarifvertragsparteien abgeschlossene Tarifwerk erfolgen kann (vgl. BAG 16.10.2019 – 4 AZR 66/18). Die Bezugnahme lediglich auf einzelne Tarifregelungen (Einzelverweisung) genügt nicht.

Die 9-Monats-Grenze kann überschritten werden, wenn gem. § 8 Abs. 4 AÜG spätestens nach 15 Monaten Überlassungszeit an einen Entleiher dem Leiharbeitnehmer mindestens ein Entgelt gezahlt wird, das in dem Tarifvertrag als gleichwertig mit dem tarifvertraglichen Arbeitsentgelt der Einsatzbranche festeglegt ist und nach einer Einarbeitungszeit von längstens sechs Wochen eine stufenweise Heranführung an dieses Arbeitsentgelt erfolgt.

Da die Einhaltung des equal-pay-Grundsatzes für Verleiher organisatorisch und finanziell schwierig ist, entscheiden sich in der Praxis nahezu alle Verleiher für die Anwendung eines Tarifvertrags wie oben beschrieben. Die meisten schließen sich einem Tarifvertrag der Zeitarbeitsbranche an. Durch den im Frühjar 2017 neu eingeführten § 8 AÜG und den neu formulierten Gleichstellungsgrundsatz mit all seinen Ausnahmen erfahren die Tarifverträge der Zeitarbeit und Branchenzuschlagstarifverträge eine neue Bedeutung.

Praxistipp

Die Neuregelungen zur Gleichstellung des Leiharbeitnehmers haben also den bisherigen equal-pay-Grundsatz dahingehend verschärft, dass nur noch für eine Überlassung von neun Monaten durch Anwendung eines Branchenzuschlagstarifvertrags hiervon abgewichen werden kann und für die Zeit danach weitere Auflagen gelten. Dadurch entsteht eine Situation, die es für Verleiher und Entleiher interessant erscheinen lässt, Leihpersonal alle neun Monate auszutauschen. Nach einer Einsatzpause von mehr als drei Monaten beginnt der 9-Monats-Zeitraum, in welchem vom equal-pay-Grundsatz abgewichen werden kann, übrigens neu an zu laufen (vgl. § 8 Abs. 4 S. 4 AÜG)!

17. Welche Stellung hat der Leiharbeitnehmer gegenüber dem Entleiher?

Grundsätzlich besteht zwischen Leiharbeitnehmer und Entleiher bei der legalen Arbeitnehmerüberlassung kein Vertragsverhältnis. Dieses existiert ausschließlich mit dem Verleiher (vgl. § 14 Abs. 1 AÜG).

Eine Rechtsbeziehung ergibt sich jedoch daraus, dass der Leiharbeitnehmer aufgrund seines Vertrags mit dem Verleiher verpflichtet ist, beim Entleiher auf dessen Weisung hin tätig zu werden (vgl. § 1 Abs. 1 S. 2 AÜG). Daraus folgt, dass der Entleiher gegenüber dem Leiharbeitnehmer das Weisungsrecht gem. § 106 GewO in Bezug auf die Erfüllung der Arbeitsleistung innehat. Er übt sozusagen ein Direktionsrecht des Arbeitgebers aus, ohne Arbeitgeber zu sein, vergleichbar mit einem Arbeitgeber gem. § 611a BGB. Ferner hat der Entleiher für etwaige erforderliche Ausnahmegenehmigungen zu sorgen, wie zB für eine Genehmigung für Sonn- oder Feiertagsarbeit nach dem ArbZG.

Auch die im Zusammenhang mit der Eingliederung des Leihpersonals in den Entleihbetrieb entstehenden sonstigen Arbeitsschutzpflichten obliegen in erster Linie dem Entleiher, während der Verleiher aufgrund seiner arbeitgeberseitigen Fürsorgepflicht darauf beschränkt ist, die Einhaltung dieser Schutzpflichten durch den Entleiher zu kontrollieren.

Beispiel

Der Leiharbeitnehmer kann zum Beispiel im Entleiherbetrieb je nach Branchenzugehörigkeit verlangen, dass ihm Sicherheitsschuhe oder Hygienekleidung gestellt werden.

18. Kann der Leiharbeitnehmer verlangen, dass der Entleiher ihm Zutritt zu den Gemeinschaftseinrichtungen verschafft?

Ja, gem. § 13b AÜG hat der Leiharbeitnehmer einen Anspruch darauf. Das im Entleihbetrieb eingesetzte Leihpersonal ist berechtigt, direkt vom Entleiher Zugang zu erhalten zu den Gemeinschaftsdiensten oder -einrichtungen des Betriebs. Dazu gehören insbesondere die Nutzung der Kantine, des Betriebskindergartens, die Inanspruchnahme betrieblicher Beförderungsmittel (Werksbus, Jobticket) oder auch die Teilnahme an betrieblichen Gesundheitsförderungsmaßnahmen (Rückenschule) usw. Nicht unter den Begriff der Gemeinschaftsdienste fallen reine Geldleistungen, wie zB die betriebliche Altersversorgúng oder die Ausgabe von Tankgutscheinen, da hier nicht die Teilnahme am sozialen Leben im Betrieb im Vordergrund steht, sowie Fort- und Weiterbildungsangebote im Einsatzbetrieb oder der Besuch von betrieblichen Schulungseinrichtungen.

Etwaige geldwerte Vorteile, die der Leiharbeitnehmer auf diesem Weg vom Entleiher bezieht, unterliegen der Lohnsteuerpflicht. Der Verleiher müsste also zum Beispiel über den Überlassungsvertrag in Erfahrung bringen, welche solcher geldwerten Vorteile im Entleihbetrieb erbracht werden oder aber die nötigen Informationen beim Leiharbeitnehmer abrufen. Der Leiharbeitnehmer befindet sich jedenfalls in einer gesetzlichen Mitteilungspflicht (vgl. § 38 Abs. 4 S. 3 EStG).

19. Dürfen sich Leiharbeitnehmer im Einsatzbetrieb an einem Streik beteiligen?

Bezüglich des Streikrechts enthält § 11 Abs. 5 AÜG eine Sonderregelung für den Fall eines Arbeitskampfes im Betrieb des Entleihers, die zum 1.4.2017 noch verschärft wurde. Nach dieser Vorschrift ist der Entleiher nicht mehr berechtigt und das Leihpersonal nicht verpflichtet, bei einem Entleiher tätig zu sein, soweit dieser durch einen Arbeitskampf unmittelbar betroffen ist. Der Entleiher darf somit während eines Streiks in seinem Betrieb keine Leiharbeitnehmer beschäftigen, wenn diese das eigene streikende Personal unmittelbar oder mittelbar vertreten würden. Damit ist dem Leiharbeitnehmer gesetzlich die Möglichkeit eingeräumt, während eines Streiks „neutral“ zu bleiben und die Gefahr gebannt, dass Leiharbeitnehmer zu so genannten „Streikbrecherarbeiten“ gezwungen werden. Der Entleiher, der entgegen § 11 Abs. 5 AÜG Leihpersonal beschäftigt, handelt ordnungswidrig gem. § 16 Abs. 1 Nr. 8a AÜG.

Praxistipp

Sollte also im Einsatzbetrieb gestreikt werden, kann dort der Leiharbeitnehmer im Prinzip nicht eingesetzt werden. Der Verleiher könnte für diese Zeit dem Leiharbeitnehmer einen anderen Einsatzbetrieb als Arbeitsstelle zuweisen. Wenn keine anderweitige Arbeitsmöglichkeit für den Leiharbeitnehmer besteht, ist der Verleiher im Annahmeverzug (§ 615 BGB) und verpflichtet, die arbeitsvertragliche Vergütung zu zahlen, ohne das eine Arbeitsleistung erbracht worden ist.

20. Gibt es eine Höchstüberlassungsdauer für Leiharbeitnehmer?

Zum 1.1.2004 wurde die bis dahin geltende Höchstdauer der Überlassung eines Arbeitnehmers an einen Entleiher abgeschafft. Es galt vorher eine Höchstüberlassungsdauer von zwei Jahren. Zeitlich unbegrenzte Überlassungen hatten nach der Vorstellung des Gesetzgebers unter anderem beschäftigungspolitische Vorteile. Aus diesem Grund wurde die Höchstüberlassungsdauer seinerzeit im AÜG gestrichen. Dadurch wurde der missbräuchlichen Arbeitnehmerüberlassung Tür und Tor geöffnet. Etliche Betriebe stellten um auf die vorzugsweise Beschäftigung von Leihpersonal statt eigenem.

Der Verleih und Einsatz von Leihpersonal auf Dauerarbeitsplätzen stellt jedoch seit Inkrafttreten der EU-Richtlinie über Leiharbeit vom 19.11.2008 einen Verstoß gegen geltendes EU-Recht, RL

2008/104/EG, dar. Auf Grund der darin enthaltenen Verpflichtung der Mitgliedstaaten hatte der deutsche Gesetzgeber im Dezember 2011 eine Regelung in das AÜG eingepflegt, die vorsah, dass Überlassungen grundsätzlich vorübergehenden Charakter haben müssen (vgl. § 1 Abs. 1 S. 2 AÜG aF).

Da die unklare Formulierung „vorübergehend" sich ohne nähere Definition als nicht praxistauglich erwiesen hat, wurde am 1.4.2017 erneut eine Höchstüberlassungsdauer festgesetzt (vgl. § 1 Abs. 1 S. 4, Abs. 1b AÜG), die im Regelfall 18 Monate beträgt.

Da die oben erwähnte EU-Richtlinie über Leiharbeit nach wie vor Gültigkeit besitzt und der zum 1.4.2017 geänderte Gesetzestext das Merkmal „vorübergehend" als Vorgabe für eine legale Arbeitnehmerüberlassung im § 1 Abs. 1 S. 4 AÜG bestehen gelassen hat, ist die Gesetzesänderung über die Höchstüberlassungsdauer in § 1 Abs. 1b AÜG als zusätzliche Einschränkung der Arbeitnehmerüberlassung zu verstehen.

Also: Leiharbeit ist grundsätzlich nur vorübergehend zulässig (arbeitsplatzbezogene Komponente) und auf jeden Fall dann unzulässig, wenn ein Leiharbeitnehmer über die gesetzte Höchstüberlassungsdauer hinaus beim Entleiher beschäftigt wird (personenbezogene Komponente). Eine andere, ausschließlich personenbezogene Auslegung der neuen Höchstüberlassungsdauer erscheint nicht richtlinienkonform.

Aktuell steht die seit 1.4.2017 in den Text des AÜG eingepflegte Höchstüberlassungsdauer (§ 1 Abs. 1b AÜG) gerichtlich auf dem Prüfstand. Das LAG Berlin-Brandenburg hat dem EuGH am 13.5.2020 insbesondere die Frage zur Entscheidung vorgelegt, ob § 1 Abs. 1b AÜG überhaupt im Einklang mit dem Text und der gebotenen Auslegung der Richtlinie über Leiharbeit 2008/104/EG steht, die nur einen grundsätzlich vorübergehenden Leiharbeitereinsatz in den Betrieben duldet (LAG Bln-Bbg 13.5.2020 – 15 Sa 1991/19; vgl. hierzu auch → *Frage 24: Was ist europarechtlich zur Leiharbeit geregelt?*). Die Stellungnahme und Entscheidung des EuGH bleibt abzuwarten.

21. Was bedeutet die neue Höchstüberlassungsdauer?

Die neue Höchstüberlassungsdauer sieht im Regelfall vor, dass die Überlassung ein und desselben Leiharbeitnehmers eines Verleihers an ein und denselben Entleiher maximal 18 Monate andauern darf (vgl. § 1 Abs. 1b S. 1 AÜG).

Wird die genannte Höchstüberlassungsdauer überschritten, entsteht die Rechtsfolge des § 9 Abs. 1 Nr. 1b AÜG iVm § 10 Abs. 1 AÜG: Es wird ein Arbeitsverhältnis des Leiharbeitnehmers zum Entleiher fingiert.

Sobald eine Einsatzpause von mehr als drei Monaten entsteht, fängt die Höchtüberlassungsdauer eines bestimmten Leiharbeitnehmers in einem bestimmten Einsatzbetrieb wieder neu an zu laufen (vgl. § 1 Abs. 1b S. 2 AÜG).

22. Gilt die 18-monatige Höchstüberlassungsdauer zwingend?

Die neue Höchstüberlassungsdauer ist mit den in § 1 Abs. 1b AÜG festgelegten 18 Monaten eine Grundregel.

Der Gesetzestext enthält in § 1 Abs. 1b S. 3 AÜG eine Öffnungsklausel. Danach können Tarifpartner der Einsatzbranche abweichende und damit längere Überlassungshöchstzeiten vereinbaren. Eine tarifliche Höchstüberlassungszeit gilt dann für tarifgebundene Einsatzberiebe. Es ist keine absolute Obergrenze im Gesetzestext enthalten. Die tarifliche Höchstüberlassungsdauer kann also beliebig lang vereinbart werden. Die Grenze bildet immer der Rechtsmissbrauch.

Es existieren in der Praxis insbesondere in der Metall- und Elektrobranche etliche Tarifverträge, auch Haus- und Firmentarifverträge, mit einer deutlich verlängerten Höchstüberlassungsdauer (36 oder 48 Monate), die den Einsatzbetrieben eine lange Ausleihzeit für langfristig erwünschte Leiharbeitnehmer ermöglichen. Das LAG Baden-Württemberg hat vor kurzem interessanterweise festgestellt, dass die gesetzliche Höchstüberlassungsdauer von 18 Monaten zwar tarifdispositiv ist, eine entsprechende Tarifnom aber nur dann für die Leihe eines bestimmten Arbeitnehmers wirkt, wenn der Leiharbeitnehmer auch tarifgebunden ist, also eine Mitgliedschaft in der tarifvertragsschließenden Gewerkschaft besteht (LAG BW 2.12.2020 – 4 Sa 16/20). Diese Voraussetzung ist in der Regel nicht gegeben, so dass die tarifliche verlängerte Höchstüberlassungsdauer nicht greift.

Einsatzbetriebe, die nicht tarifgebunden sind, aber sich im Geltungsbereich eines Tarifvertrags befinden, der eine eigene Höchstüberlassungsdauer für die Leiharbeit festgelegt hat, können selbige durch Abschluss einer Betriebsvereinbarung übernehmen.

Sollte der Tarifvertrag der Einsatzbranche seinerseits ausdrücklich zulassen, dass abweichende Höchstüberlassungszeiten durch die Betriebspartner – also durch Betriebsvereinbarung – möglich sind, aber dafür keine konkrete Dauer festlegen, ist die betriebsinterne Höchstüberlassungsdauer auf Grund einer Betriebsvereinbarung gedeckelt bei 24 Monaten.

Also lediglich in Einsatzbetrieben, die keinen Betriebsrat aufweisen, muss es bei der 18-monatigen, gesetzlichen Höchstüberlassungsdauer bleiben.

Praxistipp

Die Vereinbarung einer kürzeren Höchstüberlassungszeit zwischen den Betriebspartnern ist ohne weiteres möglich und zulässig. Insbesondere bleiben Betriebsvereinbarungen, die schon vor Inkrafttreten der Reform des AÜG zum 1.4.2017 galten, diesbezüglich wirksam.

Sieht eine vorhandene Betriebsvereinbarung jedoch eine über den gesetzlichen Rahmen hinausgehende Höchstüberlassungszeit vor, muss geprüft werden, ob diese Regelung von einer Klausel im geltenden Tarifvertrag bzw. bei nicht tarifgebundenen Betrieben in einer Öffnungsklausel des Tarifvertrags, der gelten könnte, gedeckt ist.

23. Was kann der Betriebsrat unternehmen, wenn die geplante Überlassung die Höchstüberlassungsdauer überschreitet?

§ 1 Abs. 1 S. 4, Abs. 1b AÜG ist als Verbotsnorm ausgestaltet, das heißt, der Betriebsrat des Einsatzbetriebes kann im Zuge der Anhörung bezüglich eines einzusetzenden Leiharbeitnehmers gem. § 99 Abs. 2 BetrVG seine Zustimmung verweigern (vgl. § 99 Abs. 2 Nr. 1 BetrVG).

Eine derartige Zustimmungsverweigerung ist nicht nur möglich, wenn der geplante Leihpersonaleinsatz voraussichtlich die 18-Monatsgrenze überschreitet, sondern auch dann, wenn der Arbeitgeber entgegen den Vorgaben der EU-Richtlinie über Leiharbeit rechtsmissbräuchlich Leihpersonal auf Dauerarbeitsplätzen einsetzt.

Der Entleiher müsste sodann von der geplanten Personalleihe Abstand nehmen bzw. ein arbeitsgerichtliches Zustimmungsersetzungsverfahren einleiten.

24. Was ist europarechtlich zur Leiharbeit geregelt?

Der Gesetzgeber hatte als Mitgliedstaat der EU nach Inkrafttreten der RL 2008/104/EG vom 19.11.2008 die Aufgabe, Inhalte dieser Richtlinie bis zum Stichtag 5.12.2011 in nationales Recht umzusetzen, soweit diese im AÜG noch nicht vorhanden waren. Die EU verfolgt mit der Richtlinie das Ziel, einerseits die in der Leiharbeit beschäftigten Personen (mehr) zu schützen sowie auf der anderen Seite, aufgrund von gebilligten Flexicurity-Grundsätzen, ein ausgewogenes Verhältnis zwischen Flexibilität und Sicherheit auf dem Arbeitsmarkt zu gewährleisten und den beteiligten Arbeitgebern und Arbeitnehmern einen Rahmen zu schaffen, um ihre Chancen aus der Globalisierung des Marktes zu nutzen. Sie strebt also zumindest auch einen Schutz derjenigen Arbeitnehmer an, die einen so genannten Stammarbeitsplatz in einem Betrieb bekleiden, der von der Möglichkeit, Leihpersonal zu beschäftigen, Gebrauch macht.

Die Richtlinie betont mit ihrem Inhalt insbesondere den Gleichstellungsgedanken (equal pay), welcher bereits im deutschen Recht am 1.1.2004 Einzug gehalten hat. Dies wurde durch den seit 1.4.2017 geltenden § 8 AÜG nochmals intensiviert.

Nach Abschaffung der zuletzt geltenden Höchstüberlassungsdauer zum 31.12.2003 war Leiharbeit in Deutschland ohne weiteres auch auf Dauerarbeitsplätzen zulässig. Dieser Zustand war vor der Richtlinie der EU nicht länger haltbar, so dass hier gesetzgeberisch Abhilfe geschaffen werden musste. Der erste Versuch, im Dez. 2011 in Kraft getreten, war die Einfügung eines einzigen Satzes in § 1 AÜG, der die Leiharbeit als vorübergehendes Personalinstrument bezeichnete, ohne nähere Angaben zur exakten maximalen Dauer einer Personalausleihe und ohne Rechtsfolgen bei etwaigen Verstößen. Die Bezeichnung der Leiharbeit als vorübergehend ist im Einklang mit der Richtlinie auch nach der Reform des AÜG noch im Gesetzestext enthalten. Hintergrund der verschiedenen Definitionen in § 1 Abs. 1 AÜG, insbesondere auch des Begriffs vorübergehend in § 1 Abs. 1 S. 4 AÜG ist also die Richtlinie 2008/104/EG, deshalb sind die darin enthaltenen Definitionen maßgeblich und in unserem AÜG größtenteils genauso wieder zu finden:

- Ein „Arbeitnehmer" ist eine Person, die in dem betreffenden Mitgliedstaat nach dem nationalen Arbeitsrecht als Arbeitnehmer geschützt ist.
- Ein „Leiharbeitsunternehmen" ist eine natürliche oder juristische Person, die nach einzelstaatlichem Recht mit Leiharbeitnehmern Arbeitsverträge schließt oder Beschäftigungsverhältnisse eingeht, um sie entleihenden Unternehmen zu überlassen, damit sie dort unter deren Aufsicht und Leitung **vorübergehend** arbeiten.
- Ein „Leiharbeitnehmer" ist ein Arbeitnehmer, der mit einem Leiharbeitsunternehmen einen Arbeitsvertrag geschlossen hat oder ein Beschäftigungsverhältnis eingegangen ist, um einem entleihenden Unternehmen überlassen zu werden und dort unter dessen Aufsicht und Leitung **vorübergehend** zu arbeiten.
- Ein „entleihendes Unternehmen" ist eine natürliche oder juristische Person, in deren Auftrag und unter deren Aufsicht und Leitung ein Leiharbeitnehmer **vorübergehend** arbeitet.
- Eine „Überlassung" ist der Zeitraum, in dem der Leiharbeitnehmer dem entleihenden Unternehmen zur Verfügung gestellt wird, um dort unter dessen Aufsicht und Leitung **vorübergehend** zu arbeiten.

25. Bezieht sich das Merkmal „vorübergehend" auf die Person oder den Arbeitsplatz?

Die dem Merkmal zu Grunde liegende EU-Richtlinie 2008/104/EG nimmt bei der Definition des Begriffs der vorübergehenden Arbeitnehmerüberlassung keine konkrete Position ein, es ist dort weder klar definiert, wie lange ein vorübergehender Zeitraum genau andauert und ob dies personen- oder arbeitsplatzbezogen zu verstehen ist.

In verschiedenen Arbeitsgerichtsverfahren, in denen es um die Auslegung dieses Begriffes ging, haben das BAG und viele andere Arbeitsgerichte diesen als arbeitsplatzbezogen verstanden (so zB LAG Nds 19.9.2012 – 17 TaBV 124/11; LAG Bln-Bbg 19.12.2012 – 4 TaBV 1163/12; LAG Bln-Bbg 9.1.2013 – 15 Sa 1635/12; LAG Hmb 29.8.2013 – 1 TaBV 3/13; LAG SchlH 8.1.2014 – 3 TaBV 43/13; LAG BW 31.7.2013 – 4 Sa 18/13 sowie BAG 10.7.2013 – 7 ABR 91/11).

Ziel der RL 2008/104/EG über Leiharbeit war und ist es, einen angemessenen Rahmen festzulegen für den Einsatz von Leiharbeit, um wirksam zur Schaffung von Arbeitsplätzen und zur Entwicklung flexibler Arbeitsformen beizutragen (vgl. Art. 2 RL 2008/104/EG) sowie auch der Stammbelegschaft des Einsatzbetriebs einen gewissen Schutz zu bieten.

Dies spricht dafür, das Merkmal „vorübergehend", das sich nach wie vor im Gesetzestext des AÜG, dort in § 1 Abs. 1 S. 4 AÜG, befindet, arbeitsplatzbezogen zu verstehen.

Praxistipp

Die Reform des AÜG, die zum 1.4.2017 in Kraft getreten ist, bringt mit seiner neuen Höchstüberlassungsdauer entsprechend der Vorgabe der EU einer nur vorübergehenden Arbeitnehmerüberlassung zum Ausdruck, dass der deutsche Gesetzgeber das Merkmal personenbezogen versteht. Ob das rechtlich in Ordnung ist, ist fraglich.

26. Was sind die Folgen einer Arbeitnehmerüberlassung über die gesetzliche Höchstgrenze hinaus?

Wenn Arbeitnehmerüberlassung im Sinne der geltenden EU-Richtlinie 2008/104/EG und dem neuen Gesetzestext in § 1 Abs. 1 S. 4 AÜG als die vorübergehende Überlassung eines Arbeitnehmers definiert ist, müsste es sich bei einer darüber hinaus gehenden, dauerhaften Überlassung um etwas anderes handeln als um Arbeitnehmerüberlassung. Man könnte eine solche Überlassung als **Vermittlung** bezeichnen, die gegeben ist, wenn ein Unternehmer einem anderen Unternehmer auf Dauer einen Arbeitnehmer zuführt.

Die Folge einer über die gesetzliche Höchstgrenze von 18 Monaten andauernden Überlassung ist seit 1.4.2017 in den §§ 9 Abs. 1 Nr. 1b, 10 AÜG entsprechend geregelt: Es wird für den Zeitraum nach Ablauf der Höchstüberlassungsdauer ein Arbeitsverhältnis zwischen (Leih-)Arbeitnehmer und dem Entleiher angenommen.

27. Ist die Fiktion eines Arbeitsverhältnisses im Einsatzbetrieb zwingend?

Der Gesetzgeber hat zum 1.4.2017 die Fiktion eines Arbeitsverhältnisses in die §§ 9 Abs. 1 Nr. 1b, 10 AÜG eingefügt als Regelung für den Fall, dass ein Leiharbeitnehmer über die gesetzliche Höchstüberlassungsdauer hinaus im Entleihbetrieb beschäftigt wird. Für den Fall, dass ein Verleiher keine Erlaubnis zur Arbeitnehmerüberlassung besitzt, war schon immer die Fiktion eines Arbeitsverhältnisses im Einsatzbetrieb vorgesehen.

Diese vom Gesetz vorgegebene Annahme eines Arbeitsverhältnisses kann durch einen Widerspruch von Seiten des Leiharbeitnehmers unterbunden werden (vgl. § 9 Abs. 1 Nr. 1b, Abs. 2 AÜG). Damit will der Gesetzgeber dem Grundrecht aus Art. 12 GG auf freie Berufswahl gerecht werden.

Der Widerspruch des Leiharbeitnehmers nennt sich Festhaltenserklärung: Er muss gegenüber dem Entleiher oder Verleiher erklären, dass er an dem Arbeitsvertrag mit dem Verleiher festhalten möchte, obwohl dieser laut Gesetz unwirksam ist.

An die Festhaltenserklärung sind diverse Bedingungen geknüpft, die für deren Wirksamkeit einzuhalten sind. Die Erklärung muss in Schriftform und in zeitlicher Hinsicht bis zum Ablauf eines Monats nach Überschreiten der Höchstüberlassungszeit vorgenommen werden. Eine vor Beginn dieser Frist abgegebene Festhaltenserklärung ist unwirksam. Des Weiteren hat der Leiharbeitnehmer für die Wirksamkeit seiner Festhaltenserklärung diese bei der Agentur für Arbeit vorzulegen und dort seine Identität prüfen zu lassen und dafür zu sorgen, dass spätestens drei Tage nach seiner Vorstellung bei der Agentur für Arbeit die Festhaltenserklärung dem Ver- oder Entleiher zugeht.

Praxistipp

Bei der Berechnung der maximalen Einsatzzeit sind die Zeiträume von Einsätzen vor dem 1.4.2017 nicht zu berücksichtigen.

28. Was bedeutet die Drehtürklausel?

Mit der sog. Drehtürklausel versucht das Gesetz, rechtsmissbräuchliche Ein- und Ausstellungen von Mitarbeitern unter zur Hilfenahme des Instruments der Leiharbeit zu verhindern (§ 8 Abs. 3 AÜG).

Es ist nach dieser Vorschrift nicht zulässig, einen Leihabeitnehmer, der in den letzten sechs Monaten vor der Überlassung an einen Entleiher bei diesem als Arbeitnehmer tätig war und ausgeschieden ist oder bei einem Arbeitgeber, der mit dem Entleihbetrieb einen Konzern iSd § 18 AktG bildet, tätig war und ausgeschieden ist, unter Anwendung eines vom equal-pay-Grundsatz (nach unten) abweichenden Tarifvertrags zu bezahlen. Eine derartige § 8 Abs. 3 AÜG widersprechende Vergütungsabrede zwischen dem Verleiher und dem Leiharbeitnehmer wäre nach § 9 Abs. 1 Nr. 2 AÜG unwirksam.

III. Abgrenzung der Leiharbeit von anderem Fremdpersonaleinsatz

In der Praxis bereitet die Abgrenzung anderer Beschäftigungsformen mit Fremdpersonal von der Arbeitnehmerüberlassung im Sinne des AÜG häufig große Schwierigkeiten. Die Grenzen, insbesondere zum Werk- oder Dienstvertrag, sind im Gesetz nicht klar definiert. Die von der Rechtsprechung entwickelten Abgrenzungskriterien sind hier wichtig zu kennen und zu beachten. Des Weiteren ist zu beachten, dass im Zuge offensichtlicher Missbrauchsfälle, die im Frühjahr 2020 durch vermehrte Ansteckungen mit Corona im Kreise der Werkvertragsmitarbeiter eines großen Schlachthofes (Fleischverarbeitung) stattgefunden haben, der Bundestag am 29.7.2020 mit einem entsprechenden Gesetzesentwurf ein branchenspezifisches Werkvertragsverbot ab 1.1.2021 angekündigt hat sowie ebenso ein branchenspezifisches Verbot der Leiharbeit ab 1.4.2021 für Betriebe der Fleischverarbeitung ab 50 Mitarbeitern (Arbeitsschutzkontrollgesetz, BR-Drs. 426/20).

29. Wie ist die Arbeitnehmerüberlassung von einem Werkvertrag abzugrenzen?

Beim Werkvertrag (§§ 631–650 BGB) verpflichtet sich der Unternehmer (Auftragnehmer), für den Auftraggeber ein bestimmtes Werk herzustellen. Die geschuldete Leistung ist die Herbeiführung eines bestimmten Erfolges, zum Beispiel die Reparatur eines Autos, eines Wasserhahns, das Erstellen eines Computerprogramms, der Einbau einer Küche, der Bau eines Hauses usw. Dabei ist es grundsätzlich üblich, dass das bestellte Werk in den Räumlichkeiten des Auftraggebers herzustellen bzw. zu erbringen ist.

Der Unterschied zur Arbeitnehmerüberlassung besteht darin, dass hier der Auftragnehmer den Einsatz der mit der Werkerstellung betrauten Arbeitnehmer selbst organisiert und steuert. Der Unternehmer erbringt seine geschuldete Leistung durch seine Arbeitnehmer als Erfüllungsgehilfen in eigener Regie. Es ist für den Auftragnehmer auch möglich, hierfür gar keine Arbeitnehmer einzusetzen, sondern freie Subunternehmer zu beauftragen.

Praxistipp

Für die rechtliche Einordnung eines Rechtsverhältnisses als Arbeitnehmerüberlassung oder Werkvertrag kommt es zum einen auf den Text des abgeschlossenen Vertrags an und zum anderen auf die praktische Durchführung des Vertragsverhältnisses. Widersprechen sich der Vertragstext und das, was tatsächlich stattfindet, dann ist die praktische Durchführung ausschlaggebend.

30. Wie ist die Arbeitnehmerüberlassung von einem Dienstvertrag abzugrenzen?

Beim Dienstvertrag (§§ 611 ff. BGB) ist die Situation ähnlich wie beim Werkvertrag. Der Besteller verpflichtet den Auftragnehmer, selbst oder mit seinem Personal bestimmte Aufgaben zu erledigen. Vertragsgegenstand ist also nicht die Erstellung eines Werkes (zum Beispiel die Reparatur, Bau usw), sondern die Erbringung einer bestimmten Dienstleistung. Es kann sich um Dienstleistungen aller Art handeln (putzen, Hotline bedienen, technischer Support usw). Diese Arbeiten werden in der Regel im Betrieb des Bestellers geleistet, aber eben nicht auf Weisung des Bestellers iSd § 611a BGB sondern in Eigenregie des Auftragnehmers. Er kann hier zum Beispiel selbst bestimmen, wie viele Arbeitskräfte für die bestellte Aufgabenerledigung eingesetzt werden.

Bei der Arbeitnehmerüberlassung ordert der Besteller hingegen die Arbeitskräfte, mit einer bestimmten Qualifikation und bestimmten Eigenschaften, und setzt diese wie eigene Arbeitnehmer nach seinen Vorstellungen im Zuge einer betrieblichen Eingliederung ein. Der Auftragnehmer schuldet beim Dienstvertrag die Erbringung der bestellten Leistung, bei der Arbeitnehmerüberlassung die bestellten Arbeitskräfte. Entsprechend erfolgt auch die Abrechnung. Beim Dienstvertrag wird die Aufgabenerledigung, meist nach Zeiteinheiten in Rechnung gestellt. Bei der Arbeitnehmerüberlassung werden die Arbeitskräfte, in der Regel nach Einsatzstunden, abgerechnet.

31. Gibt es Abgrenzungskriterien und was ist hierfür zu prüfen?

Um zu prüfen, ob eine Arbeitnehmerüberlassung vorliegt, die den Regelungen des AÜG unterfällt, oder ein Werk-/Dienstvertrag vereinbart wurde, muss eine wertende Gesamtbetrachtung anhand der von den Arbeitsgerichten entwickelten Abgrenzungskriterien erfolgen:

- Beim Personaleinsatz aufgrund eines Dienst- oder Werkvertrages organisiert der Unternehmer (Arbeitgeber) die zur Erreichung eines wirtschaftlichen Erfolgs notwendigen Handlungen selbst und bedient sich dabei seiner Arbeitnehmer als Erfüllungshilfen oder beauftragt fremde Subunternehmer. Er bleibt für die Erfüllung der im Vertrag mit dem Dritten vorgesehenen Dienste oder für die Herstellung des dem Dritten vertraglich geschuldeten Werkes verantwortlich. Wie die Erfüllung geschieht und organisiert ist, entscheidet der Unternehmer iSv § 84 HGB selbstständig. Er gestaltet die Tätigkeit weisungsfrei und bestimmt auch die Arbeitszeit. Dagegen liegt Arbeitnehmerüberlassung vor, wenn der Arbeitgeber dem Dritten geeignete Arbeitskräfte überlässt, die der Dritte nach eigenen betrieblichen Erfordernissen in seinem Betrieb nach seinen Weisungen wie eigene Mitarbeiter einsetzt. Entscheidend für die Abgrenzung ist also, ob die Arbeitnehmer **in den Betrieb des Dritten eingegliedert** sind und dort von dem Dritten arbeitsvertragliche Weisungen erhalten entsprechend § 611a BGB.
- Über die rechtliche Einordnung eines Vertrags als Arbeitnehmerüberlassungsvertrag oder als Werk- oder Dienstvertrag entscheidet der Inhalt und nicht die von den Vertragsparteien gewählte Bezeichnung des Vertrags bzw. die gewünschte Rechtsfolge. Entscheidend ist das, was tatsächlich als Vertragsverhältnis gelebt wird. Widersprechen sich Vereinbarung und Durchführung, ist letztere maßgebend. Allerdings müssen sich die Vertragsparteien grundsätzlich an dem von ihnen gewählten Vertragstypus festhalten lassen, wenn die vereinbarte Tätigkeit typologisch sowohl in einem Arbeitsverhältnis als auch selbstständig erbracht werden kann und die tatsächliche Handhabe nicht zwingend für ein Arbeitsverhältnis spricht (BAG 9.6.2010 – 5 AZR 332/09; LAG Düsseldorf 21.7.2015 – 3 Sa 6/15).
- Es ist auszugehen von den Vereinbarungen zwischen dem Unternehmer, der seine Arbeitskraft entsendet, und dem Besteller (Dritten), in dessen Unternehmen der Arbeitnehmer tatsächlich tätig wird. Der Betriebsrat ist mit dem Anspruch auf Vertragsvorlage ausgestattet (vgl. § 80 Abs. 2 S. 3 BetrVG). Aufschlussreich kann auch die Rechnung des Auftragnehmers an den Besteller sein. Sind Leistungen berechnet oder die Herstellung eines Werkes, spricht dies für einen Werk- oder Dienstvertrag. Wurden Arbeitskräfte abgerechnet, spricht dies für Leiharbeit.

32. Welche Indizien sprechen für eine Eingliederung in den Betrieb?

Es ist des Weiteren zu prüfen, wie der Fremdpersonaleinsatz tatsächlich durchgeführt wird. Entscheidend ist dabei die Frage, ob der Fremdarbeitnehmer in die betriebliche Organisation des Dritten eingebunden ist. Ist das der Fall, liegt eine Arbeitnehmerüberlassung vor. Ist der Fremdmitarbeiter nicht eingegliedert, dann liegt keine Arbeitnehmerüberlassung vor. Indizien für eine derartige Eingliederung in die betriebliche Organisation des Dritten sind zB:

- Der Beschäftigte ist nicht frei darin, seine Arbeitszeit zu gestalten oder den Ort der Erbringung der angeforderten Leistung selbst zu bestimmen. Vielmehr erteilt der Besteller die notwendigen Weisungen zu Inhalt und Art und Weise der durchzuführenden Arbeiten. Dem Besteller kommt es darauf an, dass ein bestimmter Beschäftigter (Herr oder Frau xy) zur Verrichtung der Tätigkeiten erscheint, nicht irgendjemand aus dem Betrieb des Vertragspartners.
- Die geschuldete Leistung wird überwiegend in den Räumlichkeiten des Dritten erbracht. Wenn eine Betriebsfeier stattfindet, wird der Beschäftigte von der Fremdfirma auch eingeladen.
- Der Beschäftigte nutzt keine eigenen Arbeitsmittel bzw. die seines Arbeitgebers, sondern die Arbeitsmittel, das Material und die Infrastruktur werden vom Besteller ohne Weiterberechnung an den Vertragspartner gestellt. Das gleiche gilt für die Arbeitskleidung des Beschäftigten.
- Die Auftragserledigung findet im Team zusammen mit eigenen Arbeitnehmern des Bestellers statt oder es handelt sich um Aufgaben, die früher eigene Arbeitnehmer des Bestellers erledigt hatten.
- Der Beschäftigte erbringt Leistungen, die nicht auf die Herstellung eines Werkes oder die Errei-

chung eines bestimmten Arbeitsergebnisses oder Erfolges ausgerichtet sind.

- Für die Qualität der Aufgabenerledigung oder Leistung wird keine Gewährleistung übernommen.

Praxistipp

Diese Vorgehensweise zur Unterscheidung einer weisungsgebundenen Eingliederung und der Beschäftigung im Rahmen eines Werk- oder Dienstvertrages mittels den oben beschriebenen Abgrenzungskriterien ist gesetzlich nicht festgeschrieben. Der Gesetzestext des neuen § 611a BGB hilft hier nicht wirklich weiter. Es sind dort nur wenige Merkmale, die für eine Beschäftigung eines Arbeitnehmers sprechen, aufgeführt, nämlich das Erbringen einer weisungsgebunden, fremdbestimmten Arbeit in persönlicher Abhängigkeit (vgl. dazu BAG 20.9.2016 – 9 AZR 735/15).

33. Welche Folgen haben Scheinwerk- oder Scheindienstverträge?

Im Falle, dass der überlassende Unternehmer nicht im Besitz einer gültigen Verleiherlaubnis iSv § 1 Abs. 1 S. 1 AÜG ist, wird gem. §§ 9 Abs. 1 Nr. 1, 10 AÜG ein Arbeitsverhältnis fingiert. In einem solchen Fall liegt außerdem eine verdeckte Arbeitnehmerüberlassung vor, die ebenfalls – auch bei Vorhandensein einer Verleiherlaubnis – zu einem fingierten Arbeitsverhältnis zwischen dem Leiharbeitnehmer und dem Einsatzbetrieb führt (vgl. §§ 9 Abs. 1 Nr. 1a, 10 Abs. 1 AÜG). Der Vertrag wurde ja nicht ausdrücklich als Arbeitnehmerüberlassungsvertrag gem. § 1 Abs. 1 S. 5 AÜG bezeichnet. Der fremde Mitarbeiter, der im Betrieb des Dritten auf Basis eines Scheinwerk- oder -dienstvertrags beschäftigt wird, wird somit zu dessen Arbeitnehmer.

Das gesetzlich gem. § 10 AÜG konstruierte Arbeitsverhältnis kann vom betroffenen Beschäftigten mittels Feststellungsklage am Arbeitsgericht eingeklagt werden. Wichtig zu wissen ist, dass hierfür keinerlei Frist existiert, die zu beachten wäre. Es muss lediglich beim Kläger ein berechtigtes Feststellungsinteresse bestehen. Dieses wird angenommen, weil der Kläger ja wissen muss, wer sein Arbeitgeber ist und welche Ansprüche gegen wen zu stellen sind. Die Klagemöglichkeit steht also zB auch einem ehemaligen Beschäftigten auf Basis einer verdeckten Arbeitnehmerüberlassung auch noch lange Zeit nach der Beendigung eines Einsatzes zur Verfügung, da sie an keine Frist gebunden ist und eine Verwirkung kaum in Betracht kommt (vgl. hierzu BAG 20.3.2018 – 9 AZR 508/17 zu einer Klage eines illegalen Leiharbeitnehmers gem. §§ 9 Abs. 1 Nr. 1, 10 AÜG gegen den Einsatzbetrieb 1 3/4 Jahre nach Beendigung seines Einsatzes als Kalibriertechniker).

Eine andere Möglichkeit für den illegal als Werk- oder Dienstvertragsmitarbeiter Beschäftigten ist, den Einsatzbetrieb auf Leistungen aus einem noch andauernden Arbeitsverhältnis zu verklagen. Das kann zB die Zahlung von Differenzlohn, von Jubiläumsgeld oder Leistungen aus einer betrieblichen Altersvorsorge beinhalten (vgl. hierzu LAG München 29.4.2020 – 11 Sa 106/20, hier hatte sich eine als Werk-/Dienstvertragsmitarbeiterin betitelte Beschäftigte in zweiter Instanz erfolgreich in den Einsatzbetrieb als seit 1985 abhängig Beschäftigte eingeklagt und vor allem Leistungen zur betrieblichen Altersvorsorge beansprucht. Zur rechtlichen Überprüfung stand an ihre Einordnung als weisungsfrei tätige Hilfskraft für Tätigkeiten in der Microverfilmung, die vom Berufungsgericht als weisungsgebundene Tätigkeit eingestuft wurde. Die Revision zum BAG wurde ausgeschlossen und daraufhin Nichtzulassungsbeschwerde eingelegt, NLB 9 AZN 509/20). Zu beachten sind hierbei die gesetzlichen Fristen der Verjährung gem. §§ 195, 199 Abs. 1 BGB (3 Jahre) sowie etwaige Verfall- und Ausschlussfristen, falls solche wirksam vereinbart worden sind.

34. Was versteht man unter Scheinselbstständigkeit?

Bei der so genannten Scheinselbstständigkeit wird ein als freier Mitarbeiter oder Freelancer bezeichneter Beschäftigter, obwohl er auf dem Papier selbstständig und der Vertrag entsprechend als Werk- oder Dienstvertrag ausgestaltet ist, weisungsgebunden im Einsatzbetrieb beschäftigt (→ *Einstellung von Mitarbeitern / Frage 26: Ist die Beschäftigung eines freien Mitarbeiters eine Einstellung?*).

35. Unter welchen Voraussetzungen liegt Scheinselbstständigkeit vor?

Man erkennt den Scheinselbstständigen regelmäßig daran, dass er nur einen (Haupt-)Auftraggeber hat, nicht wirklich unternehmerisch am Markt auftritt, die bestellte Dienstleistung höchstpersönlich und wie gesagt auf Weisung des Auftraggebers oder dessen Leitungspersonal zu erbringen hat innerhalb vorgegebener Arbeitszeiten und vom Auftraggeber Werkzeug oder Arbeitsmittel gestellt bekommt. Gegebenenfalls liegt nach Würdigung der Gesamtumstände ein sozialversicherungspflichtiges Arbeitsverhältnis iSv § 611a BGB vor.

36. Ist eine Scheinselbstständigkeit zugleich eine verdeckte Arbeitnehmerüberlassung?

Eine scheinselbstständige Beschäftigung bewegt sich häufig am Rande der Legalität, ist aber regelmäßig nicht als verdeckte Arbeitnehmerüberlassung einzustufen. Bei der Scheinselbstständigkeit ist eine illegale Leiharbeit nicht denkbar, denn hier fehlt es schon am typischen Dreiecksverhältnis, da man sich nicht selbst verleihen kann.

37. Was gilt, wenn der freie Mitarbeiter über eine Agentur in den Betrieb kommt?

In der Praxis werden derartig Beschäftigte auch häufig über einen Dritten, der beispielsweise als Agentur bezeichnet wird, an Einsatzbetriebe vermittelt. In diesen Fällen ist der Beschäftigte für die Agentur ein freier Mitarbeiter, er rechnet mit ihr ab und sie berechnet mit einem Aufschlag oder zuzüglich einer Gebühr an die jeweiligen Einsatzbetriebe weiter. Bei dieser Variante kann man regelmäßig auch nicht von illegaler Leiharbeit sprechen, da es ja kein Arbeitsverhältnis zwischen dem Beschäftigten und dem Überlassenden gibt. Sollte sich aber das Vertragsverhältnis zwischen dem Beschäftigten und der Agentur auch als Scheinselbstständigkeit darstellen, kommt die Annahme einer verdeckten Arbeitnehmerüberlassung in Betracht.

Praxistipp

In solchen Fällen kann der Beschäftigte von seinem Einsatzbetrieb Beschäftigung und Bezahlung als Arbeitnehmer gem. §§ 9 Abs. 1 Nr. 1 u. Nr. 1a, 10 Abs. 1 AÜG verlangen. Dabei ist zu bedenken, dass in einer Entscheidung (BAG 9.6.2010 – 5 AZR 332/09) das BAG ausdrücklich erklärt hat, dass die Vertragsparteien sich an dem von ihnen gewählten Vertragstypus grundsätzlich festhalten lassen müssen, wenn die tatsächliche Vertragsdurchführung nicht zwingend und unbedingt für ein Arbeitsverhältnis spricht. Die Rechtsfolge des § 10 Abs. 1 AÜG – die Fiktion eines Arbeitsvertrags im Einsatzbetrieb – kann nicht immer und unbedingt auf den Fall eines freien, aber wirtschaftlich abhängigen Mitarbeiters übertragen und angewendet werden (vgl. LAG Düsseldorf 21.7.2015 – 3 Sa 6/15). Es ist also wahrscheinlich, dass das BAG die Annahme eines Arbeitsverhältnisses eines freien Mitarbeiters im Einsatzbetrieb, der über eine Agentur abrechnet, auch nach Inkrafttreten der AÜG-Reform eher restriktiv handhabt.

IV. Fremdpersonaleinsatz und Beteiligung des Betriebsrats

Beschäftigt ein Betrieb Fremdpersonal auf Basis eines Arbeitnehmerüberlassungsvertrags, ist der Betriebsrat des Einsatzbetriebs sowohl im Vorfeld des geplanten Einsatzes als auch während der Einsatzzeit zu beteiligen und mindestens genauso zuständig für die Belange dieser Mitarbeiter wie ein Verleiherbetriebsrat. Das folgt aus der weisungsgebundenen Beschäftigung beim Entleiher. Obwohl zu diesem Thema klare Regelungen im Gesetz vorhanden sind, gibt es häufig Probleme wegen der im Grunde doppelten betriebsverfassungsrechtlichen Zuordnung des Leihpersonals.

38. Welchem Betrieb ist Leihpersonal betriebsverfassungsrechtlich zuzuordnen?

Die betriebsverfassungsrechtliche Zuordnung von Leiharbeitnehmern ergibt sich aus § 5 Abs. 1 BetrVG und § 14 AÜG. Leiharbeitnehmer könnten dem Verleiherbetrieb zuzuordnen sein, weil sie dort ihren Arbeitsvertrag vereinbart haben. Sie könnten aber auch aufgrund der weisungsgebundenen Beschäftigung dem Entleihbetrieb zuzuordnen sein.

Nach § 14 Abs. 1 AÜG bleiben die Leiharbeitnehmer auch während der Zeit ihrer Arbeitsleistung bei einem Entleiher Angehörige des Verleiherbetriebs. Die Leiharbeitnehmer haben demzufolge aktives und passives Wahlrecht bei Betriebsratswahlen im Verleiherbetrieb und auch alle sonstigen Rechte in Bezug auf einen dort existierenden Betriebsrat. So muss insbesondere der Betriebsrat des Verleiherbetriebs bei allen personellen Einzelmaßnahmen, insbesondere Einstellungen (→ *Einstellung von Mitarbeitern / Frage 9: Wann liegt eine Einstellung im Sinne von § 99 BetrVG vor?*), Versetzungen, Eingruppierungen oder Kündigungen entsprechend dem BetrVG beteiligt werden. Die Leiharbeitnehmer gehören im Umkehrschluss betriebsverfassungsrechtlich gesehen nicht zum Betrieb des Entleihers.

39. Ist Leihpersonal im Einsatzbetrieb in den Betriebsrat wählbar?

Nein, gem. § 14 Abs. 2 AÜG kann ein Leiharbeitnehmer nicht in seinem Einsatzbetrieb in den Betriebsrat gewählt werden.

40. Was gilt für ehemalige Leiharbeitnehmer, die ein Arbeitsverhältnis im Entleihbetrieb begründet haben?

Hier gilt eine Besonderheit: Wenn ehemalige Leiharbeitnehmer, die ein Arbeitsverhältnis im Entleihbetrieb begründet haben und zum Zeitpunkt einer Betriebsratswahl noch keine sechs Monate Beschäftigungszeit als Arbeitnehmer erreicht haben: Es werden die Beschäftigungszeiten entsprechend § 8 Abs. 1 S. 2 BetrVG als Leiharbeitnehmer und Arbeitnehmer des Verleiherbetriebs zusammengerechnet (vgl. BAG 10.12.2012 – 7 ABR 53/11). Es kann also durch das Zusammenrechnen der Beschäftigungszeiten unter Umständen zu einer Wählbarkeit iSd § 8 BetrVG kommen. Das BAG hat bisher noch nicht darüber entschieden, ob Beschäftigungszeiten als Leiharbeitnehmer im entleihenden Betrieb auf die in § 8 Abs. 1 S. 1 BetrVG vorausgesetzte sechsmonatige Dauer der Betriebszugehörigkeit anzurechnen sind, wenn der Arbeitnehmer nicht im unmittelbaren Anschluss an die Überlassung ein Arbeitsverhältnis mit dem Entleiher begründet. Diese Frage ist mit der überwiegenden Ansicht im Schrifttum zu bejahen.

41. Sind Leiharbeitnehmer im Entleihbetrieb wahlberechtigt?

Ja, Leiharbeitnehmer sind wahlberechtigt, wenn sie länger als drei Monate im Entleihbetrieb eingesetzt oder eingeplant werden (§ 7 S. 2 BetrVG). Das Wahlrecht kann also schon ab dem ersten Tag der Beschäftigung eines Leiharbeitnehmers im Einsatzbetrieb gelten, wenn die Einsatzplanung für den Leiharbeitnehmer über **drei Monate** hinausgeht.

Aus dem aktiven Wahlrecht der Leiharbeitnehmer folgt des Weiteren, dass sie unter den Voraussetzungen des § 17 BetrVG zu einer Betriebsversammlung zur Wahl eines Wahlvorstands einladen dürfen und grundsätzlich auch für das Amt des Wahlvorstands kandidieren können. Folgerichtig kommen sie auch als Antragsberechtigte für die Wahlanfechtung gem. § 19 BetrVG in Betracht.

42. Zählt Leihpersonal bei der Berechnung der Betriebsratsgröße im Einsatzbetrieb mit?

Leiharbeitnehmer werden oftmals sehr lange in den Entleihbetrieben eingesetzt und belegen somit auch Dauerarbeitsplätze. Deshalb liegt die Annahme nahe, sie entsprechend ihrer Wahlberechtigung auch bei der Ermittlung der Belegschaftsstärke des

Einsatzbetriebes mitzuzählen. Die Leiharbeitnehmerzahl könnte sich auswirken auf die Größe des Betriebsratsgremiums gem. § 9 BetrVG, auf die Freistellungen gem. § 38 BetrVG und auf die Gründung eines Wirtschaftsausschusses gem. § 106 BetrVG. Immerhin lösen Leiharbeitnehmer auch Beteiligungsrechte des Entleiher-Betriebsrats aus und die Beschäftigung von Leiharbeitnehmern führt im Betriebsrat tatsächlich zu mehr Aufwand.

Im Widerspruch hierzu steht allerdings, dass Leiharbeitnehmer gem. § 14 Abs. 1 AÜG nur dem Verleiher als ihrem Arbeitgeber betriebsverfassungsrechtlich zugeordnet werden. Und in § 5 Abs. 1 BetrVG, der festlegt, welchen Beschäftigten ein Arbeitnehmer-Status zukommt, sind Leiharbeitnehmer nicht erwähnt. Aus diesen Gründen hat das BAG zunächst entschieden, dass Leiharbeitnehmer im Entleihbetrieb nicht zur Belegschaft zählen (BAG 16.4.2003 – 7 ABR 53/02). Dieser Beschluss ist jedoch überholt: Zehn Jahre später hat das BAG die Frage anders beurteilt (BAG 13.3.2013 – 7 ABR 69/11). Seitdem gilt, dass bei der für die Größe des Betriebsratsgremiums maßgeblichen Anzahl der Arbeitnehmer eines Betriebs Leiharbeitnehmer grundsätzlich zu berücksichtigen sind. Der zum 1.4.2017 reformierte Gesetzestext des AÜG berücksichtigt diese Rechtsprechung und legt ausdrücklich fest, dass Leiharbeitnehmer bei betriebsverfassungsgesetzlichen Schwellenwerten im Einsatzbetrieb mitzuzählen sind (vgl. § 14 Abs. 2 S. 4 AÜG).

43. Zählt das Leihpersonal bei anderen Schwellenwerten des BetrVG auch mit?

Ja, hier kann nichts anderes gelten. Beispielsweise sind Leiharbeitnehmer auch bei der maßgeblichen Arbeitnehmerzahl der Beschäftigten für die Freistellungen gem. § 38 BetrVG mitzuzählen. Das BAG hatte bereits vor Inkrafttreten der AÜG-Reform zum 1.4.2017 entschieden, dass bei der Ermittlung des Schwellenwertes in § 111 BetrVG (mehr als 20 regelmäßig Beschäftigte im Unternehmen), Leiharbeitnehmer, die länger als drei Monate im Unternehmen eingesetzt sind, zu berücksichtigen sind, obwohl sie nicht in einem Arbeitsverhältnis zum Entleiher stehen (BAG 18.10.2011 – 1 AZR 335/10). Dies ergibt sich nun schon direkt aus § 14 Abs. 2 S. 4 AÜG. Dasselbe soll im Übrigen für die Berechnung der Betriebsgröße zur Anwendbarkeit des KSchG gelten. Hier müssen es mehr als zehn Arbeitnehmer, die regelmäßig beschäftigt werden, sein. Dazu gehören Leiharbeitnehmer zumindest dann, wenn der Einsatz von Leihpersonal auf einem in der Regel vorhandenem Personalbedarf beruht (BAG 24.1.2013 – 2 AZR 140/12).

Praxistipp

Diese Rechtsprechung wird durch die neue Gesetzeslage bestätigt. Der neue, seit 1.4.2017 geltende Gesetzestext in § 14 Abs. 2 AÜG stellt klar, dass Leiharbeitnehmer im Einsatzbetrieb zahlenmäßig zu berücksichtigen sind, und zwar unabhängig von ihrer Beschäftigungszeit im Einsatzbetrieb. Anders ist es bei der Berücksichtigung von Leihpersonal bei den Schwellenwerten der Unternehmensmitbestimmung: Hier erfolgt nur dann ein Mitzählen im Einsatzbetrieb, wenn das Leihpersonal länger als 6 Monate dort beschäftigt wird.

44. Ist der Betriebsrat des Einsatzbetriebs bei der „Bestellung" eines Leiharbeitnehmers zu beteiligen?

Gem. § 14 Abs. 3 AÜG ist vor Übernahme eines Leiharbeitnehmers zur Arbeitsleistung der Betriebsrat des Entleihbetriebes nach § 99 BetrVG zu beteiligen (→ *Einstellung von Mitarbeitern / Frage 22: Ist die Arbeitsaufnahme von Leiharbeitnehmern eine Einstellung?*). Übernahme bedeutet hier nicht den Abschluss eines Arbeitsvertrags oder die Einstellung des Leiharbeitnehmers, sondern die tatsächliche Eingliederung in den Betrieb des Entleihers. Diese löst die Mitbestimmungsrechte des Betriebsrats gem. § 99 BetrVG aus. Damit ist die Beschäftigung von Leihpersonal einer Einstellung iSv § 99 Abs. 1 BetrVG gleichgestellt. Auf das Rechtsverhältnis, in dem diese Personen zum Betriebsinhaber stehen, kommt es nicht an. Ebenso wenig kommt es darauf an, für wie lange das Leihpersonal eingesetzt werden soll, jede noch so kurze tatsächliche Beschäftigung ist mitbestimmungspflichtig (vgl. BAG 23.1.2008 – 1 ABR 74/06).

§ 99 Abs. 1 BetrVG gilt – wie sonst auch – nur wenn das Entleihunternehmen mehr als 20 Arbeitnehmer beschäftigt. Der Arbeitgeber hat den Betriebsrat

- vor jeder konkret anstehenden Beschäftigung von Leihpersonal zu unterrichten (→ *Einstellung von Mitarbeitern / Frage 29: Wie muss der Betriebsrat bei einer Einstellung beteiligt werden?*) und
- ihm die erforderlichen Unterlagen vorzulegen sowie
- die Zustimmung des Betriebsrats einzuholen.

45. Worüber muss der Arbeitgeber den Betriebsrat unterrichten?

Im Rahmen der Unterrichtung des Betriebsrats zur Beschäftigung eines Leiharbeitnehmers im Betrieb des Entleihers hat der Arbeitgeber dem Betriebsrat die Personalien mitzuteilen (vgl. BAG 9.3.2011 – 7 ABR 137/09). Der Umstand, dass es dem Entleiher meist nicht auf eine konkrete Person als Leiharbeitnehmer ankommt, sondern nur auf dessen Qualifikation, verkürzt seine Auskunftspflicht nicht. Es ist ihm zuzumuten, den Namen des vom Verleiher ausgewählten Leiharbeitnehmers in Erfahrung zu bringen und auf eine rechtzeitige Auswahlentscheidung des Verleihers zu drängen.

Im Rahmen der Anhörung nach § 99 BetrVG hat der Arbeitgeber folgendes vorzulegen:

- Personalien des Leiharbeitnehmers, ggf. Arbeits- und Aufenthaltserlaubnis,
- Information über den zu besetzenden Arbeitsplatz und die geforderte Qualifikation,
- Nachweis über die entsprechende Qualifikation des Leiharbeitnehmers,
- Grund des Einsatzes und die geplante Dauer,
- Kopie des Überlassungsvertrags,
- Bestätigung des Verleihers über die Anwendung eines Tarifvertrags oder der Anwendung des equal-pay-Grundsatzes,
- Bestätigung über das Einholen von Auskünften über evtl. zur Beschäftigung geeignete schwerbehinderte Menschen von der Arbeitsagentur,
- interne Bewerbungen, falls vorhanden.

Praxistipp

Erst in dem Moment, in welchem der Arbeitgeber vollumfänglich informiert hat, läuft die Wochenfrist des Betriebsrats gem. § 99 Abs. 3 BetrVG.

→ *Muster 1: Formular „Anhörung des Betriebsrats zur Einstellung gem. § 99 BetrVG, Beschäftigung von Leihpersonal“*

→ *Muster 3: Schreiben des Betriebsrats „Einholung weiterer Informationen bzgl. der Einstellung von Leihpersonal“*

46. Muss der Entleiher die Arbeitnehmerüberlassungsverträge vorlegen?

Ja, weil der Betriebsrat ansonsten nicht prüfen kann, ob die Bestimmungen des AÜG eingehalten werden. Der Anspruch lässt sich seit der Reform des AÜG direkt aus § 80 Abs. 2 S. 1 Hs. 2, S. 2, S. 3 BetrVG entnehmen. Ferner ist dem Betriebsrat des Entleihers die schriftliche Erklärung des Verleihers, dass dieser die Erlaubnis zur Arbeitnehmerüberlassung besitzt oder eine Kopie der Erlaubnisurkunde, vorzulegen (§ 14 Abs. 3 S. 2 AÜG). Ebenso ist er verpflichtet, dem Betriebsrat unverzüglich bekannt zu geben, wenn der Verleiher dem Entleiher über den Verlust der Erlaubnis Mitteilung macht.

47. Kann der Betriebsrat im Entleihbetrieb seine Zustimmung zur Einstellung von Leihpersonal verweigern?

Der Betriebsrat kann aus den in § 99 Abs. 2 BetrVG abschließend aufgezählten Gründen seine Zustimmung verweigern. Eine besondere Rolle spielt hier § 99 Abs. 2 Nr. 1 BetrVG, wonach einer personellen Maßnahme widersprochen werden kann, wenn sie gegen ein Gesetz, eine Verordnung oder eine Unfallverhütungsvorschrift usw verstößt. Hierunter fällt auch ein Verstoß gegen das AÜG zB weil keine Erlaubnis vorliegt (§ 1 Abs. 1 S. 1 AÜG) oder der Leiharbeitnehmer über die gesetzliche oder tarifliche Höchstüberlassungsdauer hinaus beschäftigt werden soll (§ 1 Abs. 1b AÜG). In Frage kommt ebenso eine Zustimmungsverweigerung, wenn der Einsatzbetrieb das Leihpersonal entgegen dem Wortlaut der Richtlinie 2008/104/EG auf Dauerarbeitsplätzen beschäftigt. Denkbar ist aber auch eine Zustimmungsverweigerung gem. § 99 Abs. 2 Nr. 3 BetrVG, nämlich dann, wenn konkret benennbares Stammpersonal durch den Leiharbeiter-Einsatz Nachteile erleidet.

48. Was kann der Arbeitgeber bei einer Verweigerung des Betriebsrats unternehmen?

Verweigert der Betriebsrat die Zustimmung, hat der Arbeitgeber die Möglichkeit, beim Arbeitsgericht zu beantragen, diese zu ersetzen. Vorher darf er die Eingliederung des Leiharbeitnehmers in seinen Betrieb nur unter den strengen Voraussetzungen des § 100 BetrVG vorläufig vornehmen.

49. Müssen auch Arbeitsplätze für Leihpersonal intern ausgeschrieben werden?

Der Betriebsrat hat einen Anspruch aus § 93 BetrVG darauf, dass der Arbeitgeber zu besetzende Stellen intern ausschreibt. Dieser Anspruch bezieht sich auch auf die Stellen, die mit Leihpersonal besetzt werden sollen. Das BAG hat dies zunächst für die Ausschreibung von Arbeitsplätzen bestätigt, die für länger als ein Jahr mit Leihpersonal besetzt werden sollen (BAG 1.2.2011 – 1 ABR 79/09). Nach einer späteren Entscheidung sind aber auch vorübergehende Einsätze von Fremdpersonal, die vier Wochen übersteigen, intern auszuschreiben (BAG 15.10.2013 – 1 ABR 25/12). Die betriebsinternen Mitarbeiter sollen in jedem Fall die Gelegenheit erhalten, sich auf zu besetzende Arbeitsplätze zu bewerben. Daneben soll einer Verärgerung der Belegschaft über die Hereinnahme Außenstehender trotz im Betrieb vorhandener Beschäftigungsmöglichkeiten entgegengewirkt werden. Schließlich ist die Entscheidungsfreiheit des Arbeitgebers bei der Besetzung von (auch nur kurzfristig) freien Arbeitsplätzen gegenüber besonders geschützten Arbeitnehmergruppen wie Schwerbehinderten Menschen eingeschränkt.

50. Finden Betriebsvereinbarungen für das im Betrieb beschäftigte Leihpersonal Anwendung?

In § 14 AÜG sind die Beteiligungsrechte des Betriebsrats im Hinblick auf die im Entleihbetrieb tätigen Leiharbeitnehmer nicht abschließend aufgezählt. Der Mitbestimmungskatalog für die Mitbestimmung des Betriebsrats bei sozialen Angelegenheiten (§ 87 Abs. 1 BetrVG) enthält zahlreiche Mitbestimmungstatbestände, die alle im Betrieb eingegliederten Arbeitnehmer betreffen. Soweit solche Fragen zur Regelung anstehen, die Einfluss haben auf alle, die tatsächlich in den Entleihbetrieb eingegliedert sind, besteht ein echtes und erzwingbares Mitbestimmungsrecht des Betriebsrats auch im Hinblick auf die im Betrieb tätigen Leiharbeitnehmer. Etwaig vorhandene Betriebsvereinbarungen sind somit auch auf das Leihpersonal anzuwenden, beispielsweise Betriebsvereinbarungen über die Nutzung von Sozialräumen, Rauchgelegenheiten, das Tragen von Dienstkleidung oder die Verhängung eines Alkoholverbots. In solchen Angelegenheiten, die nur das Verhältnis des Arbeitnehmers zu seinem eigenen Arbeitgeber betreffen, bestehen keinerlei Mitbestimmungsrechte des Betriebsrats des Entleihbetriebs und keinerlei Wirkung für das Leihpersonal, wie zum Beispiel eine Betriebsvereinbarung über die Art und Weise oder den Zeitpunkt der Auszahlung der Gehälter.

51. Wann hat der Betriebsrat im Entleihbetrieb bzgl. des Leihpersonals ein Mitbestimmungsrecht?

Im Wesentlichen bestehen Mitbestimmungsrechte des Entleiher-Betriebsrats in Bezug auf das Leihpersonal bei

- Fragen der Ordnung des Betriebs und des Verhaltens der Arbeitnehmer im Betrieb zB bei Dienstkleidung, Parkplatz- und Hausordnung (§ 87 Abs. 1 Nr. 1 BetrVG),
- der Verteilung der Arbeitszeit auf die Arbeitstage und einzelnen Wochentage (§ 87 Abs. 1 Nr. 2 BetrVG),
- der Einführung und Anwendung von technischen Einrichtungen, die dazu bestimmt sind,

das Verhalten und die Leistung der Arbeitnehmer zu überwachen zB bei der Benutzung von Stechuhren (§ 87 Abs. 1 Nr. 6 BetrVG),
- Regelungen über die Verhütung von Arbeitsunfällen und Berufskrankheiten sowie über den Gesundheitsschutz im Rahmen der gesetzlichen Vorschriften oder Unfallverhütungsvorschriften (§ 87 Abs. 1 Nr. 7 BetrVG),
- die Ausgestaltung und Nutzung von Sozialeinrichtungen zB die Kantine oder Pausenräume (§ 87 Abs. 1 Nr. 8 BetrVG),
- den Grundsätzen über das betriebliche Vorschlagswesen (§ 87 Abs. 1 Nr. 12 BetrVG).

52. In welchen Fragen hat der Entleiherbetriebsrat keine Mitbestimmungsrechte?

Keinerlei Mitbestimmungsrechte in Bezug auf die Leiharbeitnehmer bestehen in folgenden Angelegenheiten:
- Zeit, Ort der Auszahlung u. Art der Arbeitsentgelte (§ 87 Abs. 1 Nr. 4 BetrVG),
- Aufstellung allgemeiner Urlaubsgrundsätze und sonstige urlaubsrechtliche Regelungen (§ 87 Abs. 1 Nr. 5 BetrVG),
- Regelungen über Werkswohnungen (§ 87 Abs. 1 Nr. 9 BetrVG),
- Fragen der betrieblichen Lohngestaltung (§ 87 Abs. 1 Nr. 10 BetrVG),
- Festsetzung von Akkord- und Prämiensätzen u. vergleichbarer leistungsbezogener Entgelte (§ 87 Abs. 1 Nr. 11 BetrVG).

53. Kann der Betriebsrat des Einsatzbetriebs den Abschluss einer Betriebsvereinbarung zum Einsatz von Leihpersonal erzwingen?

Für den Betriebsrat und den Arbeitgeber des Entleihbetriebs besteht die Möglichkeit, über den Einsatz von Leihpersonal eine Betriebsvereinbarung zu schließen. Für eine etwaige Regelung zur Einschränkung der Leiharbeit im Betrieb, hat der Betriebsrat des Entleihers allerdings keinen Anspruch auf Abschluss einer Betriebsvereinbarung. Es handelt sich vielmehr um ein Thema für eine freiwillige Betriebsvereinbarung. Dasselbe gilt für die etwaig geplante Verlängerung der Höchstüberlassungsdauer des Leihpersonals auf Basis eines Tarifvertrages der Einsatzbranche. Wenn der Einsatzbetrieb ohne Tarifbindung infolge einer Öffnungsklausel oder verlängerten Überlassungshöchstdauer im Tarifvertrag, welcher gelten könnte, eine Betriebsvereinbarung über dieses Thema mit dem Betriebsrat abschließen möchte, ist dies möglich, aber nicht erzwingbar.

Praxistipp

Eine freiwillige Betriebsvereinbarung kann der Betriebsrat im Rahmen seiner Aufgaben gem. §§ 80 Abs. 1 Nr. 8, 92a BetrVG zur Stärkung und Sicherung der internen Beschäftigung gegenüber dem Arbeitgeber anregen. Hierin könnte beispielsweise eine nach Anzahl der Leiharbeitnehmer oder deren prozentualen Höchstanteil an der Belegschaft eingeschränkte Leiharbeit geregelt werden. Oder auch eine Übernahmeverpflichtung des Entleihers nach einer bestimmten Ausleihzeit eines Leiharbeitnehmers oder einer bestimmten Dauer von mehreren Einsätzen auf einem Arbeitsplatz könnte Gegenstand der Betriebsvereinbarung sein. In einem solchen Fall wäre der Entleiher verpflichtet, nach Ablauf der intern festgelegten Höchsteinsatzzeit einen Arbeitsvertrag abzuschließen und zwar vorzugsweise mit dem bisher dort tätigen Leiharbeitnehmer.

→ *Muster 2: Betriebsvereinbarung Leiharbeit*

54. Haben Leiharbeitnehmer die Möglichkeit, den Betriebsrat des Entleihers zu konsultieren?

§ 14 Abs. 2 S. 2 AÜG regelt, dass dem Leiharbeitnehmer im Betrieb des Entleihers bestimmte Rechte zustehen. Hierzu gehört der Anspruch auf Konsultation des Betriebsrats und Teilnahme an den von diesem organisierten Versammlungen.

Leiharbeitnehmer sind hierzu ausdrücklich berechtigt, die Sprechstunden des Betriebsrats im Entleihbetrieb aufzusuchen und an den Betriebsversammlungen teilzunehmen. Daraus folgt, dass der Betriebsrat des Entleihers das Leihpersonal zu den

Versammlungen einzuladen hat und die Zeit, die hierfür aufgewendet wird, als Arbeitszeit zu bewerten ist. Da die Betriebsversammlungen in der Regel Angelegenheiten zum Gegenstand haben, die alle in den Betrieb eingegliederten Personen betreffen, besteht auch ein berechtigtes Interesse der im Entleihbetrieb tätigen Leiharbeitnehmer an der Teilnahme daran. Ebenso ist es sinnvoll, den Betriebsrat als Ansprechpartner für die tatsächlich in den Betrieb eingegliederten Leiharbeitnehmer anzusehen, weshalb das Aufsuchen des Betriebsrats zum Beispiel während der Sprechstunde gestattet sein muss. Die Zeit, welche Leiharbeitnehmer zum Besuch der Sprechstunde oder sonstigen Inanspruchnahme des Betriebsrats des Entleihers aufwenden, ist vergütungspflichtige Arbeitszeit.

55. Können sich Leiharbeitnehmer beim Entleiherbetriebsrat beschweren?

Nach § 84 BetrVG hat jeder Arbeitnehmer das Recht, sich bei den zuständigen Stellen des Betriebs zu beschweren, wenn er sich vom Arbeitgeber oder von Kollegen im Betrieb benachteiligt oder ungerecht behandelt oder in sonstiger Weise beeinträchtigt fühlt (§§ 85–86 BetrVG). Dieses Beschwerderecht gilt auch für Leiharbeitnehmer im Betrieb des Entleihers. Es ergibt sich direkt aus § 14 Abs. 2 S. 3 AÜG. Das Leihpersonal kann daher mit dem Betriebsrat des Entleihers Probleme, die sich am Arbeitsplatz ergeben, besprechen und klären lassen. Beispielsfälle sind insbesondere die Nichteinhaltung von Arbeitsschutzvorschriften durch den Entleihbetrieb, Mobbing, Diskriminierung oder sexuelle Belästigung am Arbeitsplatz, sowie das Vortragen von Fort- oder Weiterbildungsbedarf des Leiharbeitnehmers.

56. Darf der Betriebsrat des Verleihers die entsandten Leiharbeitnehmer im Einsatzbetrieb aufsuchen?

Falls der Verleiher einen Betriebsrat unterhält, ist dieser Inhaber von diversen in § 80 Abs. 1 BetrVG aufgeführten Aufgaben, worunter sich auch Überwachungs- und Kontrollpflichten befinden. Diese können häufig nur wahrgenommen werden, indem die Arbeitnehmer an ihren Arbeitsplätzen aufgesucht werden, um beispielsweise die Einhaltung von Arbeitsschutzvorschriften zu überprüfen, die Ausgestaltung der Arbeitsplätze und/oder der betrieblichen Einrichtungen, welche von den Arbeitnehmern genutzt werden. Ein entsprechender Anspruch des Betriebrats auf Zutritt zu den Arbeitsplätzen ergibt sich aus § 80 Abs. 2 S. 1 BetrVG.

Aus der gesetzlichen Zuordnung des Leiharbeitnehmers zum Betrieb seines Vertragsarbeitgebers gem. § 14 Abs. 1 AÜG folgt allerdings nicht zwingend die Zuständigkeit des dortigen Betriebsrats in allen betriebsverfassungsrechtlichen Angelegenheiten. Die Zuständigkeit des Betriebsrats des Verleiherbetriebs ist grundsätzlich begrenzt auf den Betrieb, für den er gebildet ist. Dort, wo Beteiligungsrechte des Betriebsrats entweder an die Eingliederung in den Betrieb des Vertragsarbeitgebers anknüpfen oder das Bestehen eines Arbeitsverhältnisses voraussetzen, ergeben sich Zuständigkeiten für den im Verleiherbetrieb gebildeten Betriebsrat. Über die Betriebsgrenze hinaus stehen ihm hingegen keine Mitwirkungsbefugnisse zu. Diese werden vom Betriebsrat des Einsatzbetriebes wahrgenommen (vgl. BAG 15.10.2014 – 7 ABR 74/12).

Eine Ausnahme kann sich im Themenkomplex des Arbeitsschutzes ergeben: Infolge der bei der Leiharbeit aufgesplitteten Arbeitgeberstellung nimmt hier zum einen der Betriebsrat des Verleihers und zum anderen der Betriebsrat des Entleihers die in § 80 Abs. 1 Nr. 1 und Nr. 9 BetrVG genannten Aufgaben wahr. Daraus kann sich grundsätzlich auch ein Zutrittsrecht des Betriebsrats des Verleihers ergeben, wenn es einen Anlass dafür gibt, einen Leiharbeitnehmer an seinem Arbeitsplatz im Einsatzbetrieb zu besuchen. Dies ist beispielsweise denkbar, wenn es um Überwachungen im Bereich des Arbeitsschutzes geht, da bei diesem Thema gem. § 11 Abs. 6 S. 1 AÜG der Entleiher und der Verleiher ausdrücklich nebeneinander in der Verantwortung sind. In Ausnahmefällen ist also ein Recht des Verleiherbetriebsrats, Leiharbeitnehmer an ihren Arbeitsplätzen im Entleihbetrieb aufzusuchen, zu bejahen. Ansonsten liegen die sich aus der Eingliederung des Leihpersonals beim Entleiher ergebenden Rechte und Aufgaben des Betriebsrats bei dem Betriebsrat des Einsatzbetriebs.

57. Was kann der Betriebsrat unternehmen, wenn der Entleiher trotz fehlender Zustimmung Leihpersonal beschäftigt?

Verweigert der Betriebsrat die Zustimmung zum Einsatz von Leihpersonal im Entleihbetrieb und führt der Entleiher die Maßnahme trotzdem durch – ohne vorher beim Arbeitsgericht die Zustimmung ersetzen zu lassen – stehen dem Betriebsrat die Rechte aus § 101 BetrVG zu. Er kann in einem solchen Fall beim Arbeitsgericht beantragen, dem Arbeitgeber aufzugeben, die Einstellung wieder rückgängig zu machen.

58. Gibt es Beteiligungsrechte des Betriebsrats beim Einsatz von Werkvertragsmitarbeitern oder sogenannten freien Mitarbeitern?

Die Beteiligungsrechte des Betriebsrats sind beschränkt. Insbesondere erfolgt keine Anhörung gem. §§ 99 ff. BetrVG beim Einsatz von derartigem Fremdpersonal, da keine betriebliche, weisungsgebundene Eingliederung erfolgt. Allerdings ist in § 92 BetrVG vorgesehen, dass sich der Arbeitgeber im Rahmen der Personalplanung mit seinem Betriebsrat auch über den Einsatz von Fremdpersonal berät, das nicht weisungsgebunden beschäftigt werden soll. Der Betriebsrat ist also im Zuge der Personalplanung in die Entscheidung zur Fremdvergabe von Arbeiten oder Aufgaben gem. § 92 BetrVG zu beteiligen.

Praxistipp

Sollten im Betrieb Mitarbeiter auf Basis eines Werk- oder Dienstvertrages beschäftigt sein und besteht Veranlassung zur Annahme einer verdeckten Leiharbeit oder Scheinselbstständigkeit, sollte der Betriebsrat die Fälle genauer unter die Lupe nehmen. Er hat zur Ausübung seiner Kontrollfunktion gem. § 80 Abs. 2 S. 1 Hs. 2, S. 2 und S. 3 BetrVG die Möglichkeit, vom Arbeitgeber die der jeweiligen Beschäftigung zugrunde liegenden Verträge heraus zu verlangen. Aufschlussreich kann auch ein Blick in die Rechnungen, die wegen der Beschäftigung des Fremdpersonals vom Einsatzbetrieb bezahlt werden, sein. Werden zB „Mann-Tage" oder nur abgeleistete Stunden dem Einsatzbetrieb in Rechnung gestellt, nicht die Dienstleistung selbst, spricht dies für eine weisungsgebundene Tätigkeit und damit für Scheinselbstständigkeit oder verdeckte Leiharbeit. Die Neuformulierung des § 80 Abs. 2 BetrVG stellt dies ab 1.4.2017 klar heraus: Der Betriebsrat bekommt den ausdrücklichen Anspruch auf Vorlage der Verträge mit dem Fremdpersonal unter Angabe des zeitlichen Umfangs des Einsatzes, des Einsatzortes und der Arbeitsaufgaben.

59. Kann der Betriebsrat der Kündigung eines Stammmitarbeiters widersprechen, wenn Leihpersonal beschäftigt werden soll oder noch im Betrieb beschäftigt ist?

Will ein Arbeitgeber Stammarbeitnehmern betriebsbedingt kündigen und diese dann durch Leihpersonal ersetzen, spricht man von einer Austauschkündigung. Eine solche ist nicht zulässig, da keine Arbeitsplätze im Betrieb wegfallen (vgl. BAG 26.9.1996 – 2 AZR 200/96). Der Betriebsrat sollte bei der Anhörung gem. § 102 Abs. 2 BetrVG die entsprechenden Bedenken vortragen und die fehlerhafte Unternehmerentscheidung schon im Vorfeld der Kündigung angreifen.

→ *Muster 4: Zustimmungsverweigerung wegen bevorstehender Kündigung oder Nichtverlängerung einer Befristung infolge von Leiharbeitereinsätzen*

60. Ist der Arbeitgeber verpflichtet, zunächst Leihpersonal zu kündigen, wenn ein Personalabbau ansteht?

Auch in diesen Fall ist die Beschäftigungsmöglichkeit für das zu kündigende Stammpersonal in Wahrheit nicht entfallen. Die Stammmitarbeiter könnten vielmehr auf denselben oder auch auf vergleichbaren anderen Arbeitsplätzen, die (noch) mit Leiharbeitnehmern besetzt sind, weiterbeschäftigt werden.

Praxistipp

Der Betriebsrat sollte auch hier mit Bedenken oder auch einem Widerspruch gem. § 102 Abs. 3 BetrVG gegen den Kündigungsplan des Arbeitgebers vorgehen. Der Arbeitgeber ist bei entsprechend guter Argumentation verpflichtet, zunächst das Leihpersonal freizusetzen (vgl. BAG 12.3.2009 – 2 AZR 418/07; LAG RhPf 19.5.2015 – 8 Sa 368/14; BAG 25.2.2009 – 7 ABR 61/07). An einer Weiterbeschäftigungspflicht fehlt es jedoch, wenn der Arbeitgeber sein Leihpersonal nur als externe Reserve nutzt und/oder lediglich für kurzfristige Belange einsetzt.

→ *Muster 4: Zustimmungsverweigerung wegen bevorstehender Kündigung oder Nichtverlängerung einer Befristung infolge von Leiharbeitereinsätzen*

V. Straf- und Bußgeldvorschriften des AÜG

In den §§ 15, 15a und 16 AÜG ist das Straf- und Ordnungswidrigkeitenrecht der illegalen Leiharbeit geregelt. Hier werden zum Teil empfindliche Bußgelder, Freiheits- und Geldstrafen als Sanktionen angedroht.

61. Ist illegale Leiharbeit strafbar?

Das AÜG ist im Wesentlichen ein Gesetz zum Schutze der Leiharbeitnehmer. Es hat den Zweck, die Nachteile, die sich aus dem Umstand ergeben, dass der Leiharbeitnehmer bei einer Person nach dessen Weisungen tätig wird, die nicht sein Arbeitgeber ist, abzumildern und für die Einhaltung sozialer und arbeitsrechtlicher Mindeststandards zu sorgen. Damit dies gelingt, drohen Strafen für Personen, die gegen das AÜG verstoßen. Gem. §§ 15, 15a AÜG führt entsprechendes strafrechtlich relevantes Verhalten zum Strafbefehl oder zur Eröffnung eines Strafverfahrens. Diese beiden als Straftatbestand ausformulierten Normen betreffen und sanktionieren das illegale Verleihen und den illegalen Entleih ausländischer Leiharbeiter ohne Aufenthaltsgenehmigung.

62. Welche Ordnungswidrigkeiten gibt es?

§ 16 AÜG regelt verschiedene Ordnungswidrigkeiten. Der Katalog wurde mit der Reform des AÜG erweitert. Danach handelt ordnungswidrig, wer beispielsweise vorsätzlich oder fahrlässig

- einen Leiharbeitnehmer einem Dritten ohne Erlaubnis überlässt oder einen ohne Erlaubnis überlassenen Leiharbeitnehmer bei sich tätig werden lässt,
- einen Leiharbeitnehmer überlässt, ohne die gesetzlichen Transparenzpflichten zu erfüllen,
- dem Leiharbeitnehmer seinen Anspruch auf equal treatment bzw. zumindest eine Bezahlung nach dem MiLoG nicht gewährt,
- einen Leiharbeitnehmer über die maximale Überlassungszeit hinaus überlässt,
- einen ihm überlassenen nichtdeutschen Leiharbeitnehmer, der keine erforderliche Arbeitserlaubnis hat, tätig werden lässt,
- einen Leiharbeitnehmer als Streikbrecher beschäftigt,
- verschiedenen Auflagen der Genehmigungsbehörde nicht nachkommt oder dieser gegenüber seine Anzeige-, Melde- und Auskunftspflichten nicht einhält usw.

Muster

Muster 1: Formular „Anhörung des Betriebsrats zur Einstellung gem. § 99 BetrVG, Beschäftigung von Leihpersonal"

Betriebsrats-Anhörung gem. § 99 BetrVG, Einstellung

Hiermit wird der Betriebsrat zur Beschäftigung von

....

(Name, Anschrift)

angehört und die Zustimmung eingeholt.

Es handelt sich um eine

o Neueinstellung

o Befristungsverlängerung

o Beschäftigung als Leiharbeitnehmer

Der Anhörung liegen bei:

- Personalien des Mitarbeiters, ggf. Arbeits- und Aufenthaltserlaubnis
- Bewerbungsmappe, insbesondere Angaben und Nachweise über die Qualifikation
- Stellen- oder Aufgabenbeschreibung
- bei Leihpersonal: Kopie der Verleiherlaubnis sowie Kopie des Überlassungsvertrags
- Angabe der vorgesehenen Vergütung (Eingruppierung);
  bei Leihpersonal Bestätigung über die Vergütung beim Verleiher (equal-pay) oder etwaige Tarifbindung im Verleihbetrieb
- Angabe der geplanten Dauer der Beschäftigung, ggf. Befristungsgrund ....
- Angaben zur Anfrage bei der Agentur für Arbeit gem. § 164 Abs. 1 SGB IX

Die Einstellung soll erfolgen zum ....

Die Anschlussbeschäftigung bei Befristungsverlängerung erfolgt ab ....

Musterstadt, Datum ....

....

Unterschrift Geschäftsleitung

Eingang beim Betriebsrat: ....

Rückmeldefrist bis: ....

Muster 2: Betriebsvereinbarung Leiharbeit

Betriebsvereinbarung Leiharbeit

Zwischen den Betriebspartnern

.... (im folgenden AG genannt)

(Name und Anschrift des Arbeitgebers)

und dem

Betriebsrat, vertreten durch den BRV .... (im folgenden BR genannt)

wird nachfolgende Betriebsvereinbarung geschlossen:

Präambel

Diese Vereinbarung soll den Einsatz von Leihpersonal im Betrieb unter bestimmten Voraussetzungen ermöglichen, unnötige Einsätze von Leiharbeitnehmern vermeiden und die Arbeitsplätze der intern beschäftigten Arbeitnehmer sichern. Außerdem sollen im Betrieb beschäftigte Leiharbeitnehmer nach einer gewissen Bewährungs- oder Einarbeitungszeit die Chance einer internen Beschäftigung erhalten, sollte sich ein Dauerbedarf abzeichnen. Schließlich soll die Zusammenarbeit der Betriebspartner zum Thema Leihpersonaleinsatz näher geregelt werden.

§ 1 Geltungsbereich

Diese Betriebsvereinbarung entfaltet Wirksamkeit für alle Beschäftigten des Betriebs ...., insbesondere gem. § 5 Abs. 1 BetrVG deren Arbeitnehmer und Auszubildende, sowie deren Leiharbeitnehmer.

§ 2 Voraussetzungen für die Beschäftigung von Leihpersonal

a) Gründe für Leiharbeitereinsätze
   Der AG ist berechtigt, für bestimmte vorübergehende Zwecke Leihpersonal zu beschäftigen. Vorübergehende Zwecke können sich ergeben aus Vertretungsfällen für erkrankte oder urlaubsbedingt abwesende Mitarbeiter sowie aus Auftragsspitzen, sofern der vorübergehende Personalbedarf nicht mit internen Personalressourcen beispielsweise durch Aufstockung der Arbeitszeit Teilzeitbeschäftigter oder Überstunden oder durch befristete Einstellungen gedeckt werden kann.
b) Höchstgrenze
   Die jeweils im Betrieb beschäftigte Zahl der Leiharbeiter darf einen Anteil von maximal 10% der Belegschaft nicht übersteigen.
c) Höchstdauer von Einsätzen
   Einsätze von Leiharbeitnehmern sind auf maximal 12 Monate zu beschränken. Sollte zu Beginn ihrer Beschäftigung schon klar sein, dass der Einsatz eine entsprechende Dauer oder sogar eine längere Dauer aufweisen wird, ist ggf. eine befristete Einstellung vorzunehmen.
d) Vertragspartner

AG und BR verständigen sich einvernehmlich auf folgende Verleihfirmen:

....

Der AG ist verpflichtet, sich beim Einsatz von Leihpersonal ausschließlich an diese Firmen zu wenden, um Arbeitnehmerüberlassungsverträge abzuschließen.

§ 3 Beteiligung des Betriebsrats

Der BR ist seitens des AG vor der Inanspruchnahme von Leihpersonal gem. § 99 BetrVG zu beteiligen. Hierbei hat der AG das Formular „Anhörung des BR zur Einstellung gem. § 99 BetrVG, Beschäftigung von Leihpersonal" zu verwenden und die dort geforderten Angaben einzutragen und Unterlagen beizulegen, damit der BR seine Beschlussfassung vorbereiten kann. Der BR gibt dem AG spätestens mit Ablauf der Anhörungsfrist von einer Woche schriftlich Rückmeldung.

Zustimmungsverweigerungsgründe können sich ergeben aus § 99 Abs. 2 BetrVG sowie aus dieser Betriebsvereinbarung, insbesondere § 2a)-d).

§ 4 Ansprüche des Leihpersonals

Das im Betrieb beschäftigte Leihpersonal ist berechtigt, die sozialen Einrichtungen der Belegschaft mitzubenutzen, vor allem die Pausenräume, die Umkleiden, die Spinde .... und die Kantine. Es gilt § 13b AÜG, somit sind Leiharbeitnehmer den im Betrieb beschäftigten Arbeitnehmern diesbezüglich gleichzustellen.

Bei Abhalten von Betriebsfeiern und Ausflügen sind Leiharbeitnehmer grundsätzlich zur Teilnahme eingeladen.

Leiharbeitnehmer erhalten vor Antritt ihrer Arbeit eine gründliche Einweisung in die betrieblichen Abläufe und ihre Aufgaben durch den AG bzw. die hierfür von ihm beschäftigten Führungskräfte. Dies gilt auch im Hinblick auf die Einhaltung von Arbeitsschutzvorschriften.

Im Falle des Erreichens der oben genannten Höchsteinsatzzeit von 12 Monaten hat der AG dem jeweiligen Leiharbeitnehmer 1 Monat vorher ein Angebot zum Abschluss eines Arbeitsvertrages zu unterbreiten. Die Möglichkeit der Befristung dieses Arbeitsvertrages ist für den AG beschränkt auf die Befristung mit Sachgrund gem. § 14 Abs. 1 TzBfG. Eine Befristung ohne Sachgrund ist nicht möglich. Die Probezeit darf ggf. maximal 3 Monate betragen.

Etwaig im Betrieb beschäftigtes Leihpersonal ist berechtigt, in den im § 14 Abs. 2 S. 2 und 3 AÜG vorgesehenen Fällen den BR zu konsultieren sowie an den Betriebsversammlungen teilzunehmen.

§ 5 Laufzeit und Beendigung

Diese Betriebsvereinbarung tritt am .... in Kraft.

Sie kann von beiden Vertragsparteien mit einer Frist von 3 Monaten zum Monatsende unter Einhaltung der Schriftform aufgekündigt werden. Im Falle einer Kündigung wirkt die Vereinbarung nach, bis eine neue Betriebsvereinbarung zu diesem Thema zustande gekommen ist.

....

Unterschrift BR Unterschrift AG

Muster 3: Schreiben des Betriebsrats „Einholung weiterer Informationen bzgl. der Einstellung von Leihpersonal"

Adressat .... (Arbeitgeber)

Sehr geehrter .... (Arbeitgeber),

Sie haben uns am .... (Datum) angehört zur Einstellung bzw. Beschäftigung von .... (Name) als Leiharbeitnehmer. Diesbezüglich haben Sie uns verschiedene Informationen an die Hand gegeben.

Allerdings vermissen wir ....

Bitte reichen Sie uns diese Angaben kurzfristig nach. Ohne diese können wir über Ihren Antrag nicht beschließen.

Wir weisen Sie bei dieser Gelegenheit darauf hin, dass unsere Frist zur Abgabe oder Verweigerung der Zustimmung (eine Woche) erst dann anfängt zu laufen, wenn uns sämtliche Informationen im Rahmen des § 99 Abs. 1 BetrVG zugegangen sind.

Mit freundlichen Grüßen

....

Unterschrift Betriebsratsvorsitzender

Muster 4: Zustimmungsverweigerung wegen bevorstehender Kündigung oder Nichtverlängerung einer Befristung infolge von Leiharbeitereinsätzen

Adressat .... (Arbeitgeber)

Betreff: Ihre Anhörung zur Beschäftigung von .... (Name) als Leiharbeitnehmer

Sehr geehrter .... (Arbeitgeber),

der Betriebsrat hat in seiner Sitzung vom .... (Datum) ordnungsgemäß beschlossen wie folgt:

Der Einstellung bzw. Beschäftigung von .... (Name des Leiharbeiternehmers) von der Firma .... (Name der Verleihfirma) wird gem. § 99 Abs. 2 Nr. 3 BetrVG die Zustimmung verweigert.

Infolge der Beschäftigung des og Leiharbeitnehmers sieht der Betriebsrat die Gefahr des Wegfalls der Beschäftigungsmöglichkeit unseres Mitarbeiters .... (Name). Ihre geplante und bei uns angehörte Einstellung stellt sich aus unserer Sicht so dar, dass unser Mitarbeiter .... (Name) seinen Arbeitsplatz früher oder später bzw. zum geplanten Befristungsende verlieren wird, und somit quasi ausgetauscht wird.

Wir sind als Betriebsrat darauf bedacht, Stammarbeitsplätze zu erhalten und im Betrieb vorhandene, bewährte Mitarbeiter vor derartig einschneidenden Personalmaßnahmen zu schützen. Diese Aufgabe ergibt sich aus den §§ 80 Abs. 1 Nr. 8, 92a BetrVG. Sollten Sie die geplante Beschäftigung trotz dieser Zustimmungsverweigerung durchführen, werden wir den Gerichtsweg nach § 101 BetrVG beschreiten.

Mit freundlichen Grüßen

....

Unterschrift Betriebsratsvorsitzender